MAMA MIT BAUCHGEFÜHL

Vertrau Deiner Intuition

Isabel Engels

© 2023 Isabel Engels
Umschlagfoto: iStock
Korrektorat: manuscript - Manuela Tengler
Druck und Vertrieb im Auftrag der Autorin:
Buchschmiede von Dataform Media GmbH, Wien
www.buchschmiede.at - Folge deinem Buchgefühl!

Besuche uns online

ISBN:
978-3-99139-829-5 (Paperback)
978-3-99139-826-4 (Hardcover)
978-3-99139-828-8 (E-Book)

Das Werk, einschließlich seiner Teile, ist urheberrechtlich geschützt. Jede Verwertung ist ohne Zustimmung des Verlages und der Autorin unzulässig. Dies gilt insbesondere für die elektronische oder sonstige Vervielfältigung, Übersetzung, Verbreitung und öffentliche Zugänglichmachung.

*Gewidmet den Kindern,
die so viel Freude auf diese Erde bringen,
dass sie es verdienen, würdevoll behandelt zu werden.*

Inhalt

Vorwort	7
1. Was es bedeutet, Mutter zu sein	11
2. Heben, Bücken, Liegen	17
3. Die Geburt – von Natur aus gut	24
4. Was man vorbereiten kann – die Hebamme und das Wochenbett	29
5. Du bekommst ein Baby und trotzdem keinen Orden	38
6. Eine „normale" Geburt – wenn du es wissen willst	44
7. Mama, ich bleib bei dir	48
8. Erstes Stillen – und es geht	52
9. Von Anfang an bist du wunderbar	57
10. Achtung (Rat)Schläge!	61
11. Ein entspanntes erstes Jahr	69
12. Das Wörtchen Nein	76
13. Die Hose ist nass – oder das „Weinen nach unten"	83
14. (Über)Fördere mich nicht – das wenige, was Kinder wirklich brauchen	90
15. Vitalität des Kindes – Ernährung und Bewegung	95

16. Exkurs in die Ernährung während Schwangerschaft und
    Stillzeit: Gut genährt ist jetzt besonders viel wert!   103
17. Soziale Entwicklung: Kinder brauchen Kinder – und ihre
    Mama   110
18. Mein Büro – die Kita   118
19. Was Mama tut, ist gut   126
20. Geschwisterliebe   135
21. Pippi Langstrumpf in der Ganztagsschule   142
22. Über das Wesen des Kindes   146
23. Wie viel ist eigentlich zu viel?   153
24. Der Lehrer hilft dem Kind – wenn es das will   158
25. Gut, dass es Papa gibt!   164
26. Ja, wenn man es sich leisten kann … oder will!   169
27. Über das Geschenk Mama zu sein: eine „Karriere" mit
    ungeahnten Möglichkeiten   172
28. Ich vertrau dir, Mama! – Also vertrau du dir selbst auch!   184

Danksagung   188
Anhang: Das Mama-ABC   191

Vorwort

Ein Kind, das in Freiheit, Liebe und Frieden aufwächst, wird nichts anderes als Freiheit, Liebe und Frieden in die Welt hinaustragen.

Das Wesen des Kindes zu verstehen ist eine Tugend, von der sich moderne Gesellschaften möglicherweise weiter denn je entfernt haben. Gleichzeitig trägt gerade das Kind unsagbares gesellschaftliches Verbesserungspotenzial in sich, kann es nur seinem natürlichen Wesen entsprechend gedeihen.

In einer Zeit, wo vergangene Fehlentwicklungen der Menschheit nun einen noch größeren Schatten über eben diese spannen und wir zunehmend an den von uns verursachten Schäden verdrießen, wird in vielen Bereichen eine Trendwende herbeigesehnt. Doch wie soll dieser Umbruch stattfinden, wenn die nächste Generation nicht über die bestehende hinauswachsen kann. Dieses Hinauswachsen ist nicht mit technischen Parametern lösbar. Es muss im Menschen zu finden sein, und zwar in seiner Fähigkeit, frei und glücklich zu sein. Denn es sind wohl kaum die freien und glücklichen Menschen, die ihren Planeten zerstören, die ihre Untergebenen unterjochen oder Kriege anzetteln.

Attribute wie „Frei-" und „Glücklichsein" sind allerdings in der Erwachsenen-Welt kaum anzutreffen, sehr wohl aber im Alltag unserer Kinder.

Zeitlebens beobachte ich Kinder und ihre Interaktion mit der Umwelt. Im Laufe der Zeit habe ich mich mit zahlreichen Theorien zu diesem Thema auseinandergesetzt und schließlich als Mutter von drei Kindern meine eigenen Erfahrungen gemacht und erkannt, welch unglaubliches Grundkapital ein Kind bereits ab dem Zeitpunkt seiner Geburt in diese Welt mitbringt.

Einen Weg zu finden, diese Veranlagung gedeihen zu lassen, anstatt sie zu reduzieren, fiel anfangs gar nicht leicht. Doch mit viel Liebe, Offenheit und vor allem dem Mut, den Weg etwas abseits der konventionell festgefahrenen Normen zu gehen, konnte ich als Mutter nicht anders, als zu versuchen, meinen Kindern – und unserer Menschheit – diese Chance zu geben.

Dieses Buch versucht anhand von beobachtbaren Sachverhalten, autobiografischen Erzählungen und Erfahrungsberichten Möglichkeiten aufzuzeigen, die Erwachsene – insbesondere Eltern – dabei unterstützen können, die junge Generation besser zu verstehen. Es dient einerseits als nützlicher Ratgeber in Fragen von Schwangerschaft bis zum beginnenden Jugendalter, soll jedoch auch andererseits jede fühlende Mutter bestärken, auf ihre eigene Intuition zu hören.

Ich erzähle in diesem Buch, wie ich selbst in die Rolle meines Lebens hineingewachsen und zu meinen persönlichen Schlüssen und Annahmen gekommen bin.

Ich verstehe uns Eltern als Wegbereiter einer besseren Generation und somit einer erstrebenswerteren Zukunft; doch darüber muss man sich erst einmal bewusst werden. Beinahe für jeden von uns beginnt in den Tagen nach der Geburt unseres ersten Kindes ein gänzlich neuer Lebensabschnitt, der in den meisten Fällen auch von intensiven und neuen Gefühlen begleitet wird. Ich glaube, dass der überwiegende Teil der

Menschen sehr gut spüren könnte, was dem eigenen Kind guttut und wie er es beim Aufwachsen in dieser Welt am besten unterstützt.

Doch die Schnelllebigkeit und Dichte, in der wir uns in heutigen Gesellschaftsformen bewegen, gibt vielen weder Zeit noch Raum, um diese „inneren Stimmen" zu hören. Selbst wenn sie so voller Liebe und Vehemenz danach „schreien", wie nur Kinder es tun können – das Hamsterrad unserer Gesellschaft ist schneller und lauter.

Die Liebe zu unseren Kindern tragen wir stets in uns. Haben wir erst einmal begriffen, wie einfach und kostengünstig es ist, ihnen das zu geben, was sie wirklich brauchen, ist der fundamentale Baustein für eine glücklichere Zivilisation auf Erden vielleicht schon gelegt. Ich bin nicht die Erste, die den Wert der Kindheit erkannt hat, aber ich hoffe mit diesem Buch Eltern einen aktuellen, umsetzbaren Leitfaden zu geben, der sie dabei unterstützt, auf ihre Intuition zu vertrauen.

Allen voran gilt mein größter Dank und bester Wunsch aber den Kindern, die die Kraft haben, uns Erwachsenen die Augen zu öffnen und die es verdient haben, ihre vollen Fähigkeiten von Beginn an frei zu entwickeln – ohne unsere räumlich und zeitlich oft viel zu engen Strukturen.

Isabel

1. Was es bedeutet, Mutter zu sein

Ich denke kaum etwas auf dieser Erde enthält so viel Wahrheit wie die Aussage: Nur eine Mutter weiß, was es heißt, eine Mutter zu sein.

Auch ich blieb nicht vor dieser Erfahrung verschont.

Als Tochter einer Pädagogin hatte ich schon als Kind und Jugendliche Gelegenheit, andere Kinder zu betreuen. Ob im Feriencamp, als Nachhilfelehrerin oder Babysitterin – ich konnte schon in frühen Jahren einiges im Umgang mit Kindern lernen. Weil ich zusätzlich noch so manche Windel bei meinem elf Jahre jüngeren Bruder wechselte und einer costa-ricanischen Frau mit ihren neun jüngeren Kindern (insgesamt hatte sie 15) immerhin über ein Jahr helfend zu Seite stand, war ich also, was das „Mamawerden" anbelangt, eigentlich recht selbstbewusst … bis zu dem Tag der Geburt meines ersten Sohnes.

Ich hatte das Gefühl, buchstäblich am Anfang aller Weisheit zu stehen und meine Selbstsicherheit verabschiedete sich erst mal für einige Zeit. Mir war klar geworden, dass jede meiner Taten und Entscheidungen nicht einfach nur Einfluss, sondern Konsequenz für das Leben meines jungen Sohnes bedeutete – und ich wollte es richtig machen. Ich begann zu verstehen, dass dieser kleine Mensch, rein und gut wie er war, sich positiv oder negativ entwickelte, je nachdem, was ich an ihn herantragen würde.

Fürs Erste verabschiedete sich also meine Gelassenheit und (Gott sei Dank) auch meine Überheblichkeit im Dasein als Mama.

Ich erinnere mich gut, als mich kurz vor der Geburt – es war die Phase, in der man definitiv schon genug vom Schwanger-Sein hat – eine befreundete junge Mutter anrief und meinte: „Genieß noch die Zeit und ruh dich aus. Ein Baby ist zwar das größte Wunder, aber du bist halt auch die, die sich dann wirklich drum kümmern muss."

Mann, hatte die mich genervt! Ich war doch schon so voller Freude auf mein Söhnchen und wollte mich ganz und gar nicht mehr ausruhen.

Nach der Geburt hatte ich jedoch das Gefühl, dass diese Freundin die Einzige war, die mir ehrlich angedeutet hat, was auf mich zukommt – und ich hätte mich lieber ausruhen sollen.

Bereits auf der Geburtenstation begriff ich, dass irgendwie nichts so war, wie es eigentlich sein sollte. Mein Kind war da und ich war natürlich verzaubert von seiner Liebe und Ruhe. Aber rundherum war gar nichts ruhig. Stationsschwestern und Verwandte mischten sich in meine Stilltechnik ein, das Handy und die Besucher meiner Bettnachbarinnen wechselten in ihrem Geräuschkanon. Ich spürte das erste Mal, dass es da eine riesige Kluft gibt zwischen dem, was ich im Moment für mich und mein Baby als gut erspüre und wünsche, und dem, wie die Routinen unserer Gesellschaft einem Hochgeschwindigkeitszug gleich darüber hinwegbrausten.

Als ich mir dann auch noch zu allem Überdruss von der Pflegerin einreden ließ, dass ich besser schlafen sollte, sie mein Baby jetzt ins Kinderzimmer bringen würde, und es mir schon, während sie mit dem Bettchen davonfuhr, den Hals zuschnürte, dämmerte es mir: „Ich bin tatsächlich die Einzige, die nun spürt, was für mein Kind gut ist. Die anderen haben keinen Tau davon. Es interessiert sie nicht einmal!"

Also drückte ich auf den Knopf, mit dem man die Schwester holen konnte (ich durfte nämlich noch nicht aufstehen – Kreislaufprobleme) und ließ mir ungeachtet dessen, dass sie mich für verrückt halten musste, fünf Minuten nachdem sie es weggebracht hatte, mein Baby wieder bringen. Und das fühlte sich richtig an.

Von da an folgte eine Situation der anderen, in der ich merkte, es kommt auf meine Entscheidung an, was mit meinem Sohn geschieht und was nicht.

Wenige Tage später spazierte ich auf der Stelle wieder aus der Ordination des Kinderarztes hinaus, als ich sah, dass im Wartezimmer rund 20 Kinder mit rinnenden Nasen oder verschwollenen Augen herumsaßen, mit denen mein vier Tage altes Baby und ich eine mehrstündige Wartezeit abgesessen hätten.

Nach und nach musste ich erkennen, dass unser System von der Geburtenstation bis zur Schule nicht in erster Linie dafür gemacht wurde, einem Menschen von Beginn an die beste Grundlage zu geben. Was das Beste für meinen Sohn war, konnte er mir anzeigen, aber noch viel mehr sollte ich es voraussehen. Worauf ich mich hier einigermaßen verlassen konnte, war mein Bauchgefühl, meine Intuition. Wie eine Alarmglocke ging es in mir los, wenn etwas in die falsche Richtung lief.

Es mag sein, dass erfahrenere Frauen das von Anfang an anders erlebt haben, weil sie vielleicht ein Einzelzimmer auf der Geburtenstation hatten und privat versichert sind und ganz bestimmt nehmen es jede Menge Eltern viel „lockerer" als ich. Aber wenn ich heute durch die Kindergärten und Schulen gehe, dann merke ich, bei fast jeder Mutter kommt der Punkt, wo es ihr im Bauch unangenehm flau wird. Sie spürt genau, dass sie ihr schreiendes Kind nicht in der Gruppe zurücklassen sollte, ihr Schulkind offensichtlich unter Bewegungsmangel leidet oder jetzt nicht schon wieder von der Nanny abgeholt werden will. Und manche dieser Mütter sind wahrlich meisterhaft darin geworden, dieses Gefühl zu unterdrücken – aber es wird kaum eine Mama geben, bei der es niemals da war.

Erfreulicherweise gibt es auch Frauen, die sich so sehr auf die Mutterschaft einlassen können, dass sie von Beginn an den bestmöglichen Weg für ihren Nachwuchs wählen. Sie haben meine vollste Hochachtung, denn der Beitrag, den eine gute Mutter leistet, ist ein Geschenk an die Menschheit.

Ich wurde von meinen Eltern stets würdevoll und gut behandelt, wurde von Beginn an als vollwertiger Mensch betrachtet und teilweise auf innovative Privatschulen geschickt. Das alles mag Mitgrund für mein großes Interesse an der Welt und den Menschen, insbesondere den Kindern als die Zukunft unserer Spezies sein. Pädagogisches Know-how gehörte bei uns zum Familienalltag. Noch heute wird meine Mutter als Vorzeige-Pädagogin gerühmt, allerdings wurden aus meinem Bruder und mir eben auch Vorzeige-Kinder. Was daran richtig oder verkehrt ist, tut jetzt nichts zur Sache. Wesentlich ist aber, dass natürlich ein „repräsentatives Kind" sehr gut in dieser Gesellschaft funktionieren muss. Und bis zu dem Tag, an dem ich selbst Mutter wurde, habe ich das auch. Meine Fähigkeiten diplomatisch zu sein, Aufruhr zu vermeiden, mit dem Strom zu schwimmen und sich anzupassen, waren sehr ausgeprägt. Aber jetzt befand ich mich in der Zwickmühle: Nur allzu oft musste ich nun entscheiden, etwas entweder so zu machen, wie es üblich war, oder eben das zu tun, was ich für meinen Sohn als richtig erspürte.

Wäre es nur um mich gegangen, hätte ich ganz bestimmt nicht eine Schwester fünf Minuten, nachdem ich sie weggeschickt hatte, wieder herbestellt. Ich hätte mich wohl auch zu den 20 Rotznasen ins Wartezimmer gesetzt, weil es mir einfach zu unangenehm gewesen wäre, einen einmal vereinbarten Termin aus quasi nichtigem Grunde abzusagen. Unannehmlichkeiten dieser Art – das Übergehen von gesellschaftlichen Routinen und es nicht so zu machen, wie es eben „alle" taten – gehörte sicher nicht zu meinen Stärken. Ganz zu schweigen von den Dingen, die später auf mich zukommen sollten, wie Kindergärten, die gewechselt wurden, und die Umsetzung eines eigenen Schulprojektes nach der Erkenntnis, dass, egal ob öffentliche Regelschule oder reformpädagogische Privatschule, jede Einrichtung nur einen Teil dessen abdeckt, was ich mir für mein Kind wünsche.

Es gibt bestimmt einige Personen, für die das vielleicht viel weniger inneren Kampf bedeuten mag, als es das für mich war, weil sie einfach bedenkenloser sind. Gewiss gibt es aber auch genug, die ebenso hin und hergerissen sind und sich dann eventuell nicht trauen, für ihr Kind ein- und aufzustehen.

Ich denke, in der Elternschaft gibt es viele Dinge, die einem nur die Erfahrung lehrt. Und auch schlechte Erfahrungen haben im Nachhinein betrachtet meist ihren Nutzen.

Aber auch Wissen und Voraussicht spielen eine wichtige Rolle und können uns viel Kummer ersparen. Wenn Eltern wüssten, welche Auswirkungen manch leichtsinnige Entscheidung hat und wie leicht sie eine Alternative hätten wählen können, würde so manche Eltern-Kind-Beziehung rosiger aussehen und weniger als Last empfunden werden.

Ich bin überzeugt davon, dass die größere Anzahl der Eltern eigentlich spürt, wo der richtige Weg liegt, aber alles, was sie umgibt, schwimmt mit in diesem Strom. Sie scheinen so allein zu sein mit ihrer Wahrnehmung und die Flut der falschen Ideen und Prioritäten, die durch unsere Luft wirbeln, prasseln auf sie ein – damit scheint es zu schwierig und vielleicht auch zu einsam und allein auf weiter Flur ...

Aber das ist es nicht! Es ist nicht schwierig. Es ist nicht einmal teuer. Es erfordert nur Mut und etwas weniger Bequemlichkeit.

Und um sich auf diesem Weg nicht länger einsam und allein fühlen zu müssen, schreibe ich dieses Buch.

2. Heben, Bücken, Liegen

Im Laufe meiner Zeit als Mama habe ich die verschiedensten Schwangeren kennengelernt und beobachtet: Von sehr bewussten, einfühlsamen, ausgeruhten Frauen bis zu vollkommen in die Karriere involvierten, gestressten Frauen mit Riesenbauch und Coffee to go war alles dabei. Auch welche, die in fortgeschrittener Schwangerschaftswoche (SSW) offenbar noch immer Flugmeilen auf Langstreckenflügen sammelten, kamen mir unter. Ich selbst war mit meinen drei Schwangerschaften insofern recht beschäftigt, sodass mir bei jedem „ZU VIEL" schlecht wurde. In unserer Gesellschaft wird von der normalen Bürgerin verlangt, dass sie den größten Teil der Schwangerschaft „normal" zur Arbeit geht. Hat sie mehrere Kinder, müssen auch der Haushalt und die Versorgung reibungslos weiterlaufen. Da wir hier in den „zivilisierten Ländern" meiner Ansicht nach sowohl zu viele Wege als auch zu viel Kram haben, den wir pflegen, putzen und instand halten müssen, sind die Erledigungen, die man auch als Schwangere hier zu bewältigen hat, schnell einmal wesentlich mehr als das, was einem Körper guttut, der gerade das Wunder Mensch entstehen lässt. Ich hatte das Gefühl, dass mein Körper mich einfach immer wieder zum Ausruhen gezwungen hat. Sobald ich den Versuch unternahm, die vielen Tätigkeiten des Alltags abzuarbeiten, nahm die Übelkeit überhand und schickte mich wieder ins Bett.

Gerade weil es auch viele wunderbar wonnige Schwangerschaften und Frauen mit unglaublichem Aktionsdrang während der Schwangerschaft gibt, möchte ich mir in diesem Erfahrungs- und Beobachtungsbericht nicht anmaßen, ein einseitiges Urteil über richtiges Verhalten in der Schwangerschaft abzugeben. Ist doch der Kerngedanke dieses Buches, jede Frau dazu anzuregen, ihren eigenen Wahrnehmungen zu folgen, ein Gespür für sich und ihr Kind zu entwickeln, ungeachtet dessen, wie die allgemeine Meinung zu einer Situation aussieht. Das setzt natürlich voraus, dass gesunde Wahrnehmungen in den Frauen überhaupt vorhanden sind, und es mag tatsächlich Fälle geben, die unter die Kategorie hoffnungslos fallen. Aber ich denke doch, dass es eine Vielzahl von Müttern gibt, die meistens – gerade durch ihre Kinder – besser und intensiver spüren, was zu tun wäre. Doch die Umsetzung scheitert oft an schlechten Ratgebern, fehlendem Mut und nicht zuletzt einer Gesellschaft, die das, was eine gute Mutter (er)schafft, beinahe honorarlos verkannt hat.

Allerdings sind mir auch einige Fälle von „Jetset" oder „Business-Mamis" bekannt (jene, die ihrer Karriereleiter mehr Aufmerksamkeit schenken als ihrer eigenen Schwangerschaft), die sich dann mit schweren Geburten, Schwangerschaftsvergiftungen oder sonstigen Komplikationen abmühen mussten.

Warum ich da einen Zusammenhang orte, möchte ich im folgenden „Vergleich" erläutern: Ich hatte die Gelegenheit, für knapp anderthalb Jahre dem einfachen Dorfleben Mittelamerikas beizuwohnen. Die dort erlebte Ursprünglichkeit des menschlichen Daseins ist mir noch heute ein guter Ratgeber, denn sie ist unseren humanen Grundbedürfnissen in vielen Bereichen deutlich näher als jene Werte, die in der westlichen Welt gelebt werden.

Betrachten wir nun eine werdende Mutter im Gefüge eines indigenen Stammes oder eines sehr einfachen Bauerndorfes in Costa Rica, in dem Waschmaschine und Auto noch nicht zum

Familieninventar gehören. Ein wesentliches Merkmal in diesen Gemeinschaften sind Großfamilien oder Clans, die im Umgang miteinander zwar oft auch an Intrigen nicht sparen, aber – wenn es drauf ankommt – doch eingeschweißt zueinanderstehen. Immer gibt es eine „tia" (Tante), die man kennt und die man um Unterstützung bitten kann. So auch wenn sich schwangere Frauen unter den Dorfbewohnern befinden. Man schätzt ihren Umstand und geht anders mit der Frau um. Es wird nicht erwartet, dass sie in dieser Zeit körperlich schwere Arbeiten erledigt. Immer wieder bringt man ihr etwas zu essen vorbei oder besonders gute Früchte. Man schickt die älteren Mädchen des Dorfes in das Haus der werdenden Mutter, um ihr bei den Hausarbeiten zu helfen, und gute Männer sind bemüht, ihrer schwangeren Frau zumindest ausreichend Essen nach Hause zu bringen. Es klingt sehr nach Klischee, aber ich habe es dort eben so erlebt. Schwangere Frauen werden auch in indigenen Dörfern nicht über Nacht zur Königin, aber sie bekommen Unterstützung. Sie arbeiten nicht acht Stunden täglich, sie sitzen nach Sonnenuntergang nicht im Kino oder Theater und sie ruhen sich mehrmals am Tag aus.

Alles in allem, wenn wir nicht von Extrem-Situationen ausgehen, dann schläft und isst diese Frau in Ruhe und ausreichend. Zudem muss sie nicht ihren schwangeren Körper von zu Hause ins Büro, vom Büro zum Schwangeren-Yoga und vom Yoga ins Babymoden-Geschäft transportieren, während sie darüber nachdenkt, wann sich denn der werdende Papa endlich dazu überreden lässt, die neue Wiege aus dem Möbelhaus zu holen, und ihre Jeans auf den Bauch drückt.

Wenn wir also den Alltag der modernen Frau mit dem einer Frau aus sehr ursprünglichen Verhältnissen vergleichen, sollte uns Folgendes bewusst werden: Unter ruhigen Bedingungen, einigermaßen ausreichend Nahrung und Schlaf entwickelt sich das Baby im Mutterleib in +/- 40 Wochen. Dabei spielt nicht nur die Zeit, sondern auch die verfügbaren Energieeinheiten, die körperliche und seelische Balance der Mutter eine wichtige Rolle.

Im Gegensatz dazu steht die Frau unserer Gesellschaft oft unter Stress, isst zwar ausreichend aber (oft) schlechte Nahrung und hat eher selten für ein Mittagsschläfchen Zeit – zumindest habe ich das in meinem Bekanntenkreis und bei mir selbst so erlebt.

Dass unser heutiger Turbo-Alltag im Vergleich zu vielen einfacheren Lebensweisen Konsequenzen mit sich bringen kann, gerade wenn man ein Baby im Bauch hat, liegt eigentlich auf der Hand. Man kann natürlich noch im siebenten Monat von da nach dort fliegen oder über seine Grenzen hinaus arbeiten, um der Welt zu zeigen, dass man die Tapferste aller Schwangeren ist, aber dann sollte man auch wissen, was man von all dem Schulterklopfen und der Tapferkeit hat, wenn man dem Baby nicht die Möglichkeit gibt, sich in Ruhe zu entwickeln.

Der Körper einer Schwangeren hat im Wesentlichen folgende Aufgaben: Die Überlebensfunktionen der Frau am Laufen zu halten, den Körper auf die Geburt vorzubereiten und einen neuen Menschen zu entwickeln: Das ist wirklich keine Kleinigkeit! Man kann bestimmt mit Baby im Bauch drei Wochen nach Thailand fliegen, allerdings muss sich der Körper dann verstärkt auf die Überlebensfunktionen der Frau konzentrieren – Druck beim Langstreckenflug, Jetlag, anderes Klima, andere Immunabwehr ... und in irgendeiner Weise wird das dann woanders eingebüßt: Sei es in der Entwicklung des Kindes durch irgendeine Unterversorgung oder simpel dadurch, dass sich das Becken weniger auseinander bewegt, als es sollte. Natürlich sind diese Zusammenhänge selten direkt beweisbar und es wird auch gegenteilige Erfahrungen geben, weil man die notwendige Kraft anders tanken konnte. Aber ich denke, viele

Schwangere spüren, dass ein gemütlicher Abendspaziergang viel mehr ihren derzeitigen Bedürfnissen entspricht, als sich aufzubrezeln und noch mal in die Disco zu düsen. Ein Ausflug zum nahe gelegenen Badesee tut's auch und griechische Inseln kann man in ein paar Jahren gemeinsam mit dem Nachwuchs auch noch entdecken.

Die eigenen Bedürfnisse und nach und nach sein Kind zu spüren, sich auch darauf einzulassen – sich selbst und dem Baby in einer Symbiose geben, was gebraucht wird – das halte ich für eine wichtige Einstellung während einer Schwangerschaft, die sich gesund anfühlt. Und das kann auch individuell oder bei jedem Kind ein wenig anders aussehen.

In meinem Fall habe ich während der ersten Schwangerschaft Bewegung an der frischen Luft geliebt, insbesondere lange Spaziergänge. Ich habe daher die Strecke von etwa vier Kilometern zur Arbeit täglich zwei Mal zu Fuß bewältigt. Gezieltes Dehnen und Turnen wie im letzten Drittel bei der Schwangerschaftsgymnastik fühlte sich allerdings für mich gar nicht so toll an. Ich empfand damals immer häufiger, dass so mein Kind zu früh rauskäme. Und siehe da: Als ich zur nächsten routinemäßigen Kontrolle beim Gynäkologen war, bekam ich „Sofa liegen" bis zur 38 SSW verordnet. Diagnose: Muttermund bereits drei Zentimeter geöffnet. Tatsächlich kam unser Sohn dann nur drei Tage vorm Geburtstermin komplikationslos zur Welt.

Veranschaulichen will ich hier wieder, wie der eigene Instinkt durch ein gutes Gefühl oder eben durch Ablehnung zu spüren gibt, was in genau dieser Situation guttut – und was nicht. Gymnastik und Bewegung sind im Allgemeinen in der Schwangerschaft sicher gut und wichtig, nur das „was genau", „wann" und „wie intensiv" ist eine höchst individuelle Sache.

Bestimmt gibt es so einige althergebrachte Benimmregeln,

deren zunehmendes Verschwinden für die Gesellschaft eher Gewinn als Verlust darstellen. Wenn es aber darum geht, Frauen – insbesondere schwangeren – schweres Gepäck abzunehmen oder ihnen aus dem Auto zu helfen, dann muss ich sagen, dass diese Gesten eher forciert als eliminiert werden sollten. Abgesehen davon, dass es mir wirklich Erleichterung beschert hat, wenn mir jemand aus dem Auto geholfen hat, darf man nicht vergessen, dass der Körper in der Schwangerschaft 40 Wochen absolute Hochleistung betreibt. Da hat er sich doch auch mal eine Sonderbehandlung verdient. Was das Heben von schweren Dingen betrifft: Da habe ich Frauen erlebt, die sich damit rühmten, hier „keine Umstände" zu machen und trotz ihres dicken Bauchs große Suppenkesseln oder schwere Umzugskartons durch die Gegend schleppten. Einfache Geburten oder komplikationsfreie Schwangerschaften hatten diese Damen allerdings leider nie. Eine gute Freundin und topfitte Personal-Trainerin hat mir einmal eröffnet, sie weigere sich, auch ohne Baby im Bauch zu schwere Gegenstände zu hieven – denn sie hätte keine Lust, sich den Beckenboden zu ruinieren. Ungute Bewegungen, zu viel Bücken oder Strecken, kurz gesagt all das, was den meisten Schwangeren sowieso Unbehagen bereitet, bedeutet mit hoher Wahrscheinlichkeit auch für das Baby kein Wohlgefühl. Jedenfalls spürte sich für mich jederlei Gebücke und Gehebe schon recht früh in der Schwangerschaft unangenehm an und ich hatte den Drang, so etwas zu vermeiden. Dafür habe ich auf Kücheneinrichtungen in Hüfthöhe – wie beispielsweise meinem „barrierefreien" Mülltrennsystem – in jeder Schwangerschaft ein Loblied gesungen. Oft bin ich am Chaos auf dem Fußboden, der zu dieser Zeit die Spielwiese der jüngeren Geschwister war, regelrecht verzweifelt. Ich eignete mir deshalb spezielle Nicht-Bück-Techniken an. Zum Beispiel kehrte ich zum Ordnung machen alle Spielsachen zu einem Haufen zusammen, dann setzte ich mich auf den

Boden und räumte von dort aus auf. Natürlich wurde ich auch Meister der Zehen-Aufheb-Technik, die sich im Übrigen auch danach mit Säugling in der Trage um den Bauch sehr bewährt hatte und bei drei Kindern, aber nur zwei Händen, noch heute im Ausnahmefall Anwendung findet.

Ich weiß, dass viele Schwangere weit beweglicher und vielleicht auch sportlich aktiver sind, als ich es war. Wichtig ist nur, dass man nicht über seine Limits geht – zumindest nicht, wenn ein Baby im Bauch heranwächst. Man sollte die Dinge tun, die sich gut anfühlen, und die, die es nicht tun, einfach lassen – egal wie andere das sehen.

3. Die Geburt – von Natur aus gut

Beginnen möchte ich das Thema Geburt mit einer kurzen Anekdote aus meiner Zeit in Costa Rica – sie soll uns ein wenig die Ursprünglichkeit dieses Ereignisses veranschaulichen.

Ich habe 16 Monate in Costa Rica gelebt. Dort widmete ich mich vorwiegend der Arbeit mit Kindern und deren Familien. Es waren vor allem Flüchtlings- und Bauernfamilien, wobei die Erwachsenen erst seit einigen Jahren mit der sogenannten „Entwicklungsarbeit" konfrontiert waren.

Dass die Älteren unter ihnen weder lesen noch schreiben konnten, ist die eine Sache, dass aber einige dieser Menschen möglicherweise ein weitaus zufriedeneres Leben führen als so manche Hochgebildeten in der westlichen Zivilisation und ganz ohne Burn-out und Depressionen auskommen, die andere.

Ich befürchte, dass auch die Bevölkerung dieser Länder bald kaum noch in einer so ursprünglichen Lebensweise anzutreffen sein wird. Folgen, die sich daraus beispielsweise für unsere Umwelt ergeben könnten, werden wir vermutlich eher als uns allen lieb ist, zu sehen bekommen. Gegenwärtig allerdings gibt es da und dort noch Personen, die sich zurückerinnern an die Zeit, bevor der Westen diese Länder im Eiltempo „zivilisierte".

So auch meine damalige Gastmutter Virginia. Es war wirklich unterhaltsam, ihre Geschichten von „antes" (früher) zu hören. Hier die über eine ihrer Geburten: Sie erzählte davon, dass sie bereits vier oder fünf Kinder – so genau weiß sie das nicht mehr – um sich herum sausen hatte, als sie plötzlich spürte, dass nun das Nächste das Licht der Welt erblicken wollte. Also verließ sie die Küche und ging zu einem großen Stein hinter dem Haus. Diesen Stein hatte sie schon bei den anderen Geburten benutzt, weil er so eine günstige schräge Stelle zum Anlehnen hatte.

Es war inzwischen dunkel geworden und deshalb eine gute Zeit zum Gebären – man will ja die Nachbarn nicht stören. Das älteste Kind wurde losgeschickt, um „Tia Alma" zu holen, eine „Tante". Jede Familie hatte so eine „Tante", die wusste, wie das Kind abzunabeln war, erzählte sie mir.

Während die Tia also im Anmarsch war, blieb die wehende Mutter mit den restlichen Kleinen hinter dem Haus, die aber wichen nicht von der Seite ihrer gebärenden Mutter, trotz strenger Ermahnungen. So griff Virginia also zu einer Hand kleiner Kieselsteinchen, und während sie am Felsen ihre Wehen veratmete, schoss sie mit den Steinchen in Richtung der Kinder, damit sie sich endlich ins Haus bewegten. In der Minute, in der sie die Kleinen endlich verscheucht hatte, kam auch schon ihr nächstes Baby zur Welt und Tia Alma bewerkstelligte den Rest – so wie es in jeder Familie üblich war.

Was immer man jetzt vom Steinschießen halten mag, imposant finde ich die Einfachheit und Alltäglichkeit, die es dem Thema Geburt gibt. Und auch wenn wir in vielen Fällen froh und dankbar für die moderne Medizin sein können, halte ich es doch für vorteilhaft, wenn wir wissen, wie die Sache in ihrer Ursprünglichkeit aussehen kann. Wir müssen uns nicht immer an den schlimmsten Eventualitäten orientieren. Dinge können auch auf einem guten natürlichen Weg funktionieren – das haben sie seit Tausenden von Jahren.

Übrigens: Virginia bekam insgesamt 15 Kinder, 13 davon zu Hause. Bei Nummer 14 und 15 gab es als Resultat der

Zivilisierungsmaßnahmen eine gesetzliche Novelle, die nahe legte, Kinder im Krankenhaus zu gebären. Das verstand Virginia zwar nicht, ging aber trotzdem hin. Während sie im Wartezimmer vor dem Kreißsaal versuchte, der Schwester klarzumachen, dass sie genau jetzt entbinden müsse, war es auch schon zu spät und das Kind kam im Wartezimmer zur Welt. Da hatte das ausgebildete Krankenhauspersonal wohl nicht auf die Intuition einer werdenden Mutter gehört.

Der Aufenthalt in Costa Rica gab mir viel Bodenständigkeit und Urvertrauen zurück und ließ mich doch immer wieder Distanz zu unserer schon manchmal verrückten und system-orientierten Welt einnehmen.

Die Geburt selbst sowie die verschiedenen Gebärstellungen und Atemtechniken werden wahrscheinlich in jedem Geburtsvorbereitungskurs besser dargestellt, als ich es hier könnte. Sowohl die Schwerkraft wie auch das richtige Atmen können ihren Teil beitragen – eine gute Hebamme leitet das aber ohnehin richtig an. Mir hilft es sehr, mich auf „das Ziel"– mein geborenes Kind – zu freuen. Es ist das Einzige, was diese Anstrengung rechtfertigt und letztendlich auch in den Schatten stellt.

Bei meinen drei Kindern habe ich zwei unterschiedliche Arten der Geburt erlebt. Die beiden Buben sind unter sehr heftigen Wehen in zwei bis vier Stunden zur Welt gekommen. Unsere Tochter musste ich Wehe für Wehe fast abholen. Nach einer ganzen Nacht leichter „Wehchen" hat sie sich in den Morgenstunden unter dem üblichen Geburtsprozedere endlich heraus getraut. Wenn ich im Zusammenhang mit Geburt das Wort üblich verwende, dann ist das eigentlich nicht mehr zeitgemäß. Hört man sich in unserem Kulturkreis um, bemerkt man, dass eine völlig natürliche Geburt längst zur Ausnahme geworden ist. Tatsächlich habe ich in den letzten Jahren kaum von einer Geburt gehört, bei der nicht in irgendeiner Form extern eingegriffen wurde: eingeleitete Wehen, geritzte Fruchtblasen, Saugglocke, Wendungen, PDA und in letzter Instanz Kaiserschnitt – das alles ist wohl mittlerweile gang und gäbe beim Thema Geburt.

Ich selbst habe alle meine drei Kinder auf natürlichem Weg mithilfe einer Hebamme bekommen. Frei von jeglichen Hilfsmitteln und Instrumenten, abgesehen von einem Gebärhocker, mit dem ich persönlich die Schwerkraft bei den Presswehen am besten nutzen kann. Mir wäre auch gar nicht aufgefallen, dass das besonders wäre, aber nach einiger Zeit gab es mir schon zu denken, dass ich mit meiner Umsetzung einer natürlichen Geburt mittlerweile fast ein Einzelfall war. Sollte nicht genau dies die Norm sein und der Einsatz von Medikamenten und Kaiserschnitten die Ausnahme?

Dem muss ich aber auch hinzufügen, dass ich bei meiner ersten Geburt junge 24 Jahre zählte und Geburt Nummer 2 und 3 Hausgeburten waren. Das Alter spielt wahrscheinlich dahingehend eine Rolle, dass die meisten eben erwähnten mehr oder weniger komplizierten Geburten Frauen gut über 30 betrafen. Meiner Erfahrung nach wird da schon bei den Voruntersuchungen ein besonderes Augenmerk auf die Ausmerzung jedes nur irgend möglichen Risikos gelegt. Das kann ein Vorteil sein, führt jedoch auch zu einer Vielzahl an zusätzlichen Untersuchungen, Tests und nicht zuletzt auch möglichen Verunsicherungen. Außerdem fand der Großteil dieser Entbindungen im Krankenhaus statt, was ein explizites Eingehen auf die Frau und ein geduldiges Abwägen der Situation nicht immer möglich macht.

So notwendig klinische Unterstützung in Einzelfällen auch sein mag – es gehört nicht viel Kombinationsgabe dazu, um zu erkennen, dass in einem Krankenhaus ganz andere Faktoren zum Tragen kommen als in den eigenen vier Wänden, begleitet von einer vertrauten Hebamme, die Zeit und Muße hat, auf einen persönlich einzugehen.

Jetzt, wo ich sowohl Krankenhausgeburt (dort übrigens auch mit eigener Hebamme) als auch Hausgeburt erlebt habe, fällt mein Urteil unter Voraussetzung einer risikofreien Schwangerschaft sehr eindeutig aus. Während im Spital die Entstehung eines eigenen Rhythmus zwischen mir und meinem Baby permanent von läutenden Handys, fremden Besuchern und leider auch durch unerfahrene Säuglingsschwestern gestört wurde, konnte ich die Ruhe und Geborgenheit, die ein Zuhause vermittelt, unmittelbar nach der Geburt an mein Neugeborenes weitergeben und ihm so gleich den Raum und die Zeit schenken, die notwendig waren, um auf seine Bedürfnisse einzugehen.

Nach dem Motto „schön, dass du da bist, kleiner Mensch – jetzt bin ich für dich da."

4. Was man vorbereiten kann – die Hebamme und das Wochenbett

Die Geburt in ihrer Ursprünglichkeit ist ein völlig natürlicher Vorgang, den die Schöpfung mit unglaublicher Raffinesse eingeführt hat, um ein Menschenleben entstehen zu lassen. Tatsächlich gibt es Frauen (und ich hatte das Glück, einige davon persönlich kennengelernt zu haben – unter anderem während meiner Zeit in Costa Rica), die völlig problemlos ohne fremde Hilfe neben der restlichen Familie in oder hinter der eigenen Hütte gebären. Frauen in anderen Kulturen bekommen oft viele Kinder, ohne je ein Krankenhaus von innen gesehen zu haben und können gar nicht verstehen, was hier in unseren Kliniken und gynäkologischen Abteilungen vor sich geht. Unerfüllter Kinderwunsch, Vorsorgeuntersuchungen, Komplikationsgeburten existieren nicht einmal wirklich in ihrem Vorstellungsvermögen. Kinder zu bekommen und aufzuziehen ist für die Frauen dieser Dörfer oft eine absolute Selbstverständlichkeit. Ein viel ursprünglicherer Zugang, in den sich sicher auch wir westlichen Mütter wieder vermehrt hinein entwickeln dürfen, nicht zuletzt, um in unsere Kraft als Mutter und Frau zu finden.

Dennoch leben die meisten von uns aktuell in einer Umgebung, die von der Schwangerschaft bis über das Großziehen unserer Kinder eigentlich recht wenig von dieser Ursprünglichkeit und Natürlichkeit zulässt. Deshalb ist es im Moment oft hilfreich, uns sogenannter „Brücken" zu bedienen. Darunter verstehe ich Hilfeleistungen oder Strategien, die in unserer Gesellschaft möglich sind und die Situation erheblich verbessern oder erleichtern können. Ein wichtiger Faktor, um in unseren Breiten das Gebären stressfreier zu gestalten, ist meiner Ansicht nach eine gute Hebamme. Es gibt für eine Geburt wohl kaum etwas Wertvolleres, als die richtige Begleitung an seiner Seite zu haben. Wenn ich erfahre, dass ich schwanger bin, sage ich zuerst meinem Mann und dann meiner Hebamme Bescheid!

In meinem Fall war es der Rat einer guten Freundin, die selbst vier Kinder mit Hebamme im Geburtshaus entband, der mich dazu brachte, bereits meine erste Geburt von einer persönlichen Hebamme begleiten zu lassen. Ich hatte als völlig unerfahrene Frau natürlich meine Bedenken: „Ist das überhaupt notwendig?"- „Fast alle, die ich kenne, haben einfach so (haha!) ihre Kinder zur Welt gebracht!" – „Im Spital haben ja auch irgendwelche Hebammen Dienst …" Jedenfalls wollte ich eigentlich keine große Sache aus dieser bevorstehenden ersten Geburt machen. Aber das gute Zureden einiger erfahrener Mütter hat meinen Mann und mich schließlich doch dazu veranlasst, uns eine eigene Hebamme zu leisten. Und es war gut so, denn eine Geburt ist nun einmal eine große Sache – wenn nicht die Größte überhaupt – denn von hier an definiert sich auch das Leben neu …

Ob Spitalsgeburt oder Hausgeburt – es ist eine Ausnahmesituation für Mutter und Kind (oft auch für die Väter – was man gerade bei der ersten Geburt nicht vergessen sollte). Alles, was man hier tut, um das Drumherum zu stabilisieren und so irritationsfrei wie möglich zu gestalten, ist enorm hilfreich. Leserinnen, die bereits Geburten hinter sich haben, brauche ich das nicht zu erläutern. Jede Frau, die eine natürliche Geburt erlebt hat, weiß, dass sie sich „das alles" im Vorhinein nicht hätte ausmalen können. Es ist ein psychischer und physischer Kraftakt. Und jegliche Veränderung der Umgebung kann zum Stressfaktor werden. Der einfache Schichtwechsel der Krankenhaus-Hebamme kann ein Störfaktor sein, der das Gebären unnötig in die Länge zieht oder verkompliziert.

Ein Verzeichnis von Hebammen, die Mutter und Kind persönlich begleiten, findet man üblicherweise im Internet. Ich hatte damals noch eine Broschüre des Hebammenverbandes. Die meisten Hebammen arbeiten in Zweier-Teams, um sich im Notfall vertreten zu können. Man telefoniert vorab mit der potenziellen Hebamme und klärt einige grundsätzliche Dinge am Telefon. Wenn dann die Chemie stimmt, gibt es die Möglichkeit eines Erstgespräches. Damals hatten wir beim zweiten Anlauf schon die passende Hebamme für uns gefunden. Sollte man – wie in unserem Fall bei Geburt Nummer 2 und 3 – im ländlichen Raum wohnen, braucht man vielleicht etwas mehr Glück, um eine passende Hebamme in der Nähe zu haben. Das hatten wir Gott sei Dank. Direkt im Ort wohnt eine der besten und erfahrensten Hebammen, die ich kennengelernt habe. Mit ihr habe ich mich so sicher gefühlt, dass ich mit unserem zweiten Kind, ohne viel Wind drum zu machen, den Schritt zur Hausgeburt gewagt habe, der sich dann als Gewinn auf ganzer Linie entpuppt hat. Hebamme und Mutter lernen sich während der Schwangerschaft kennen. Die Befindlichkeiten von Mama und Baby werden von der Hebamme regelmäßig kontrolliert. Sie ist eine super Ansprechperson für all die kleinen oder großen Unsicherheiten, die sich in der Schwangerschaft auftun und steht fast immer mit einem guten Rat zur Seite. Es wird über die Geburt und die verschiedenen Varianten gesprochen – kurz und gut: Unsere Hebamme war für mich einfach ein Sicherheitsfaktor und eine Stütze, die mir ein bisschen Last von den Schultern genommen hat.

Es war auch die Hebamme, die mir bei unserem ersten Sohn half, das Stillen in den Griff zu bekommen. Sie organisierte bei Kind Nummer 2 eine achtsame Kinderärztin für den Hausbesuch, um mir den Gang zum Arzt zu ersparen. Nach der dritten Geburt war sie es, der ich mein Herz ausschütten konnte, wenn mir der Alltag mit Baby, Mann und zwei weiteren Kids dann doch zu viel wurde. Ich finde, dass eine gute Hebamme, die ihr Herz bei Mutter und Kind und nicht nur bei der „Rückbildungsgymnastik" hat, ein wesentlicher Faktor für eine entspannte Schwangerschaft, Geburt und ein heilendes Wochenbett sein kann.

Neben einer guten Hebamme gibt es noch einen zweiten Faktor, der meiner Meinung nach sehr viel wichtiger ist als die Frage, ob man genug rosa oder blaue Strampler zu Hause hat: eben das Wochenbett.

Auch darüber wurde ich von der zuvor genannten vierfachen Mutter ausgiebig vorinformiert, nahm mir dieses Thema und dessen Vorbereitung aber weit weniger zu Herzen, als ich es hätte tun sollen. Wieder kann man an diesem Punkt beobachten, dass Naturvölker und alte Kulturen längst um die Priorität und Sinnhaftigkeit dieser außergewöhnlichen Schonzeit für Mutter und Kind Bescheid wussten. Ich aber fand, dass eine eigene Hebamme genug Unterstützung sein musste. Sobald das Baby erst mal draußen ist und der Bauch wieder kleiner, werde ich den Alltag doch mit links wieder selbst bewältigen, dachte ich.

Als ich nach meiner ersten Geburt, begleitet von einem ordentlichen Schlafdefizit, nach Hause kam, holte mich rascher als gedacht der neue Alltag mit Baby ein und ich hätte mir gewünscht, im „WochenBETT" bleiben zu können. Davon war ich allerdings meilenweit entfernt.

Nicht nur, dass jetzt ein Baby mit seinem ganz eigenen Zeitplan und seinen Bedürfnissen meinen Tag auf den Kopf stellte, auch war das, was sich zuvor locker an einem einzigen Tag unterbringen ließ, nun oft in einer ganzen Woche nicht hinzubekommen.

Zuerst ging mir die saubere Wäsche aus. Ich hatte ja keine Ahnung, wie viel Stoffwindeln man mit Milch besudelt, und dass fast jede Portion Kinderkacke auch an irgendeiner Stelle aus dem Body quillt. (Ich habe dann bei Kind Nummer 2 und 3 schneller zu größeren Windeln gegriffen, das hat in diesem Punkt etwas Abhilfe geschaffen.) Man sollte nicht vergessen, dass die Waschmaschine die Sachen nur wäscht. Selbst wenn das Auf- und Abhängen auch noch der Trockner erledigt, die Dinge müssen irgendwie wieder verstaut werden – sonst wird das Zimmer rasch zu einer einzigen Wäschekammer. Mehrere zusätzliche Maschinen Wäsche fallen in den ersten Wochen nach der Geburt schnell mal an. Neben gelbgefleckten Bodys (Stuhl von gestillten Babys ist normalerweise gelb – die Flecken gehen übrigens grundsätzlich schlecht, jedoch beim Aufhängen in der Sonne wunderbar raus), und der eigenen Kleidung, die ständig mit Muttermilch voll ist, muss auch das häufige Wechseln von Bettwäsche und Badetüchern – bedingt durch den Wochenfluss – einkalkuliert werden.

Ob man nun in Wäschebergen haust oder nicht: Noch essenzieller ist für frischgebackene stillende Mamis das Thema Essen. Essen – und zwar gesund und wirklich ausreichend – sollte nach der Geburt absolute Priorität bekommen. Zum einen kann der Mangel an Schlaf, den vor allem Erstgebärende recht häufig durchleiden, energiemäßig mit ausreichend Essen etwas ausgeglichen werden. Zum anderen hatte ich immer das Gefühl: Wenn ich richtig gut esse und genug trinke (!), passt auch die Milchproduktion. Mein Baby war gesättigter und konnte besser und länger schlafen. Ganz entscheidend ist für mich dabei,

WAS ich esse. Viel biologisches oder regionales Obst und Gemüse (am besten aus dem eigenen oder Omas Garten) sollte jede Mutter zu sich nehmen. Dazu sind gehaltvolle, nährstoffreiche Lebensmittel wie diverse Urgetreide fantastisch.

Durch die Milchzuckerproduktion entsteht bei den meisten stillenden Müttern auch eine gewaltige Lust auf Süßes. Das blieb auch mir nicht erspart. Während ich in der Stillzeit unseres ersten Sohnes – damals noch ahnungslos – Stammkunde in der Konditorei wurde, habe ich bei den Stillphasen der anderen Kinder zu gesunden, süßen Alternativen gegriffen. Ein erhöhter Zuckerbedarf ist in dieser Zeit zweifellos vorhanden, aber er muss nicht mit raffiniertem Zucker und Schokolade befriedigt werden. Kuchen, Müslis und Kekse kann man wunderbar mit Dattel- oder Kokosblütenzucker versüßen (für den Notfall gibt es auch derart gesüßte Schokolade in Reformhäusern und Bioläden). Wenn die Jahreszeit passt, kann der Konsum von reifen, süßen Früchten erhöht werden. Der absolute Hit sind Energiebällchen, die man sich von jeder guten Freundin oder Oma wünschen kann (Rezept im Anhang).

Zum Thema „WIE VIEL essen" möchte ich Folgendes unbedingt anbringen – vor allem für die Frauen, die sich schon in der Schwangerschaft darüber Sorgen machen, ob sie je wieder in ihre Lieblingsjeans hineinpassen. Ja: Das werdet ihr! Aber nur, wenn ihr der gesamten Rückbildung sehr, sehr viel Zeit gebt. Und hier spreche ich eher von Jahren als von Monaten. Ich selbst habe erst gute zwei Jahre nach der Geburt meines dritten Kindes wieder mein Wohlfühlgewicht erreicht und mir passen mittlerweile auch so gut wie alle alten Lieblingssachen – allerdings sind sie jetzt nicht mehr modern … aber das ist eine andere Geschichte.

Es hat nach drei Geburten 26 Monate gebraucht, um meinem Körper auch ohne Diät oder Work-out wieder einigermaßen in

Norm zu bringen. Dazu muss ich sagen, dass ich in den ersten neun Stillmonaten noch immer gut 15 Kilogramm mehr um die Hüften hatte. Trotzdem hat in erster Linie der aktive Lebensrhythmus, der sich mit unseren drei Kindern ganz von selbst ergibt, einfach dazu geführt, dass ich heute mit meinem Körpergewicht superzufrieden bin. Es geht eigentlich ganz von selbst, sofern man einigermaßen gesund und vernünftig isst und sich ausreichend bewegt. Es lohnt sich also auch hier ins Vertrauen zu gehen und zu erkennen, dass Mutter Natur auch hier gut gearbeitet hat.

Ich bin eine eher zartere Frau und konnte, bevor ich Mutter wurde, vor allem wenn es in Beruf und Freizeit zeitintensiv war, gut und gerne mal einige Tage nur von dem ein oder anderen Weckerl oder einem Besuch beim Imbiss zwischendurch leben. Bis dann – oft erst nach zwei, drei Tagen – die Sehnsucht nach einem gekochten Essen doch überhandnahm und ich mich bei meiner Mama zum Essen einlud oder meinen Papa zu einem Restaurant-Besuch überredete. (Zu dieser Zeit war ich noch Studentin und investierte ganz im Gegensatz zu jetzt mein Geld nur ungern in hochwertiges Essen.) Ich war es also überhaupt nicht gewohnt, gleich mehrmals am Tag ordentlich Essen zu müssen, geschweige denn zu kochen – doch plötzlich wurde das überlebenswichtig.

Es war etwa der Tag, an dem die vorgekochte Hühnersuppe meiner Mutter aufgegessen war und mein Mann wieder arbeiten ging, als ich mir dachte, „wenn ich dieses Baby doch zurückschicken könnte". Ich stand da mit fettenden Haaren, einem vom Wochenfluss fleckigen Bett, einem Chaos in der Wohnung, einem Baby, das kaum länger als 45 Minuten durchschlief und einem Mordshunger.

Man konnte nicht behaupten, dass mein Mann weggegangen wäre und mir einen leeren Kühlschrank hinterlassen hätte. Es gab die üblichen Sachen, um mal schnell zu snacken – das reichte nicht annähernd. Wir hatten auch mehrere Grundnahrungsmittel zu Hause, aber ich hatte keine Zeit zu kochen. Es gab Pasta, aber auch die konnte mich nicht sättigen. Ich benötigte ein gehaltvolles Essen, und zwar am besten dreimal täglich. Dazu ordentliche Zwischenmahlzeiten und Nachtimbisse. (Eine Tabelle mit Menüvorschlägen ist im Anhang ersichtlich).

Ich glaube, mein Mann ist an diesem Tag relativ schnell wieder von der Arbeit nach Hause gekommen und ohne ordentlich bepackte Einkaufstasche hätte er sich wohl nicht in die Wohnung getraut. Auch meine Mama ist dann noch zweimal zum Kochen vorbeigekommen und somit war die erste Woche irgendwie gerettet. Einige Tage darauf hat sich dann jene Freundin Zeit genommen, die mir vorher geraten hatte, mich um eine ordentliche Wochenbettbetreuung zu kümmern. Sie war selbst berufstätig und tauchte dann also am späteren Abend – auch mit voller Einkaufstüte – auf. Wenn ich mich richtig erinnere, stand sie bis weit nach Mitternacht in der Küche. Wie ein Heinzelmännchen oder ein guter Hausgeist zauberte sie eine Köstlichkeit nach der anderen, kümmerte sich nebenbei um die Wäsche, machte Ordnung, putzte, wo es notwendig war, und ich konnte mich das erste Mal entspannen und mich voll meinem Baby widmen. Es war zauberhaft! Als ich dann in meiner wieder einigermaßen gemütlichen Wohnung saß, eine ausgiebige Portion Wildlachs mit Reis und allerhand stillfreundlicher und gebärmutterheilender Kräuter zu mir nahm und auf mein wieder frischbezogenes Bett und einen Nachttisch mit frischem Stilltee, Nüssen und Energiebällchen schaute, da verstand ich, wie unglaublich wertvoll diese Hilfe für mich und mein Kind gewesen war.

Ich denke, ich hätte damals sämtliche Ersparnisse geplündert, um täglich für nur zwei oder drei Stunden jemanden zu haben, der mir diese Alltagstätigkeiten abnimmt und mir entspannte Zeit mit meinem Kind schenkt. Um eine passende Person zu organisieren, war es in diesem Fall aber irgendwie zu spät. Die meisten Freunde waren so sehr in ihre eigenen täglichen Geschäfte involviert, dass kaum jemand so viel Zeit zu „verschenken" hatte. Auch die frischgebackenen Großeltern waren in unserem Fall alle noch berufstätig und sind nicht in jeder Familie die erste Wahl für die Betreuung im Wochenbett. (Man ist selbst doch sehr damit beschäftigt, ins Elternsein hineinzufinden. Das wird manchmal umso schwieriger, wenn jemand da ist, der die jungen Eltern – trotz aller Bemühungen vielleicht – doch noch als „Kind" sieht.)

Meine absolute Empfehlung ist daher, zumindest für die ersten beiden Wochen eine willkommene Alltagshilfe für jeden oder jeden zweiten Tag zu engagieren. (Erweiterbar auf sechs bis acht Wochen nach der Geburt – das ist nämlich die eigentliche Dauer der Wochenbettzeit, abgeleitet von der Dauer des Wochenflusses.) Diese helfende Hand sollte es verstehen, das zu tun, was gebraucht wird, und Mutter und Baby dabei weitgehend in ihrem Frieden zu lassen. Man braucht gerade in den ersten Wochen keine Tanten, die kommen, um das Baby herum zu schleppen und Kuchen zu essen. Das Baby war neun Monate im Bauch. Nun gehört es für die ersten Lebenswochen mal an den Bauch, und zwar an den jener Person, von der es Herzschlag und Geruch kennt und beides ihm Vertrautheit schenkt.

Eine Mutter, die für ihr Kind da sein will, eine erfahrene Hebamme und ein gut organisiertes Wochenbett sind vielleicht die „besten Vorbereitungen", die man für sich und sein Baby treffen kann. Den Rest schafft man mit einem Einkauf im Drogerieladen (Liste im Anhang).

5. Du bekommst ein Baby und trotzdem keinen Orden

... obwohl dir eigentlich einer zustünde!

Kaum eine Frau unserer zivilisierten, durchgetakteten Welt tappt nicht zumindest bei ihrem ersten Kind in die Falle, die irgendwo zwischen Alltagsroutine und Babyzauber zuschnappt.

Damit meine ich den Moment, den sie eigentlich sich und ihrem neugeborenen Wunder schenken sollte, den sie aber der Waschmaschine, dem Herd oder den neugierigen Gästen widmet.

Der Grund dafür liegt meiner Meinung nach in der pausenlosen Geschäftigkeit unserer Gesellschaft. Ich weiß nicht, warum, wie und wann unsere Gesellschaft in dieser Hinsicht falsch abgebogen ist, aber ich denke, sie ist es: Die gebärende Frau und insbesondere das Dasein als Mutter wurden irgendwie zu einer völligen Nebensache degradiert.

Frau hat heute einen Beruf, einen Sportverein, einen Haushalt, hoffentlich einen Partner, vielleicht sogar noch ein Haustier, und irgendwo zwischendurch könnte sie doch schnell ein Kind zur Welt bringen – keine große Sache. Erledigt man quasi im Vorbeigehen ... Ist sowieso nicht am Puls der Zeit (und der Ökonomie), dass man hierzulande nicht gleich sechs Wochen nach der Geburt wieder voller Elan im Job steht, oder? Oder?

Ich möchte niemandem zu nahe treten, aber wenn ich Aussagen dieser Art höre – und die habe ich nur allzu oft gehört – gibt es für mich nur zwei mögliche Erklärungen: Entweder hat diese Person von „Kinderkriegen" keinen blassen Schimmer (dann sei es ihr einigermaßen verziehen) oder aber – sollten sie tatsächlich von einem bereits amtierenden Elternteil kommen (ist aber weit seltener der Fall) – sind ihm wohl einige seiner Wahrnehmungskanäle abhandengekommen. Anders kann ich mir einen derartigen Humbug beim besten Willen nicht erklären.

Viele der alten Hochkulturen sowie auch Naturvölker sprechen der Frau in ihrer Rolle als Erhalterin der Art und Spenderin des Lebens eine ganz besondere Rolle zu. Wohin ist diese Haltung in unseren Breiten verschwunden? Sitze überlassen, Tür aufhalten, Einkaufstaschen hochtragen – wer macht denn das heute noch? Klar: „Selbst ist die Frau" schallt es aus jedem Medienkanal. Dass sie zumindest in diesen neun Monaten ein einzigartiges Wunder vollbringt, sollte ihren Mitmenschen klar sein – und für dieses Wunder hat sie jegliche benötigte Unterstützung verdient.

Abgesehen von den zwischenmenschlichen Aspekten bekommt man kaum klarer vermittelt, wie die Mitwelt zu einer schwangeren Frau steht als bei den Routinekontrollen in unseren Kliniken. Dort werden Checks und Tests an Mutter und Kind durchgeführt, als wäre man bei der Wareneingangskontrolle eines Supermarktes gelandet. Mag sein, dass das in Privatkliniken anders läuft. Meine erste Schwangerschaft und die dazugehörigen behördlich verordneten Gesundheitschecks, bei der ich mich als 24-jährige Studentin blauäugig vom üblichen Kassensystem manövrieren ließ, verliefen allerdings genauso.

Niemand sprach da vom Wunder Mensch oder dem neuen Lebensabschnitt, der mich erwartete, aber viele davon, welche Komplikationen auf mich zukommen könnten. Und wie man – sollte bei der Geburt dann doch alles klappen – am schnellsten wieder voll einsatzfähig ist. So war ich, wie viele meiner

Artgenossinnen, bis zum Moment der Geburt der Meinung, dass es sich hier um eine weitere kleine Herausforderung meines Lebens handle, ähnlich einem Managementprojekt oder so. Selbstverständlich sah ich mich, wie in vielen Medien eindeutig propagiert, schon wieder auf der Uni und im Büro mit Baby auf dem einen Arm und Telefonhörer in der anderen Hand – ja so würde ich das in ein paar Monaten schon schaukeln! Das wäre doch gelacht!

Als ich mich dann selbst in der Geburt wiederfand, wurde mir klar: Alles war völlig anders als erwartet und überhaupt nicht im Vorbeigehen oder so nebenbei zu lösen; und ich dachte: „Wieso hat mir das keiner gesagt? Ich will hier raus und weg!"

Obwohl ich eine verhältnismäßig kurze, dafür umso intensivere erste Geburt hatte, nahm mich das Ereignis physisch wie psychisch ungeheuer mit und brachte mich komplett an meine Grenzen (Anmerkung: Ich gebar auf vollkommen natürlichem Wege, ohne Narkotika, Kaiserschnitt, Kreuzstich, Wehentropf und dergleichen.).

Ich verstand überhaupt nicht, warum keiner über diesen Kraftakt gesprochen hatte, den eine Frau da zu leisten hat. Dem allein gebührt ein Verdienstabzeichen. Und auch wenn ich vielen jetzt vielleicht als nicht glaubwürdig erscheine – ich bin tatsächlich keine Frau, die man als Mimöschen oder als wehleidig bezeichnen würde. Ich gehöre eher zu der ruhigen, zähen Sorte – lediglich mein Kreislauf ist aufgrund meines zarten Körperbaus anfälliger als der manch anderer Frau.

Schon während der Geburt also dämmerte mir, dass da wohl insgesamt doch Größeres auf mich zukam, als ich gedacht und man mir gesagt hatte. Und so sollte es auch sein.

Beim ersten Anblick meines Sohnes war nichts mehr so, wie es war. Nur neben ihm zu liegen und ihn anzusehen, war für mich wie ein absoluter Traum. Ich hätte tagelang nichts anderes tun können ... Was für ein wunderschönes Märchen – war das Gefühl, das mich umfing. Doch darauf ist unsere Welt längst nicht mehr eingestellt. Schon gar nicht im lauten Spitalsrummel, zwischen Bettnachbarinnen, Besuchszeiten und Routinekontrollen. Leider auch zu Hause im trauten Heim nur bedingt, wenn man nicht vorgesorgt hat.

Irgendwie ist der Durchschnittsbürger überhaupt nicht mehr auf das Wunder Mensch eingestellt. Schlimmer noch: Die frischgebackene Mutter, die vielleicht nicht einmal damit zurechtkommt, ihren eigenen Hunger zu stillen, muss oft noch Gästen mit Kaffee aufwarten und ihnen ihr Baby in den Arm legen, damit die sich ein bisschen am Wunder ergötzen, während die Frau, die eigentlich umsorgt werden sollte, versucht, die Bombe, die in ihrem Haushalt eingeschlagen hat, zu entschärfen.

Ist das nicht total verkehrt? Der Mutter sollte nach ihrem Kraftakt von der Familie und im weiteren Sinne der Gesellschaft erst einmal die Welt zu Füßen gelegt und alles um sie herum so organisiert werden, dass sie sich genau zwei Dingen widmen kann: ihrer eigenen Erholung und dem Menschen, dem sie eben das wertvollste Geschenk gemacht hat, das es auf diesem Planeten zu erhalten gibt: Leben.

Meiner Ansicht nach würde eine angemessene Wertschätzung, die man einer gebärenden Frau schenkt, sogar eine Kette von Verbesserungen im gesellschaftlichen Zusammenleben hervorrufen – eine Art Dominoeffekt. Wenn die Mutter die Möglichkeit hat, sich auf die Geburt und im Speziellen auf die Tage danach in aller Ruhe einzulassen, so können weniger komplizierte Geburten und danach eine schnellere Erholung – sowohl im körperlichen als auch im mentalen Bereich – erwartet werden. Sich die nötige Zeit zum Ausheilen der Gebärmutter und des Dammes zu nehmen, verringert laut Hebamme deutlich das Risiko von Spätfolgen wie Gebärmuttersenkung, Unterleibsbeschwerden, Inkontinenz und vieler anderer Beschwerden. Außerdem ist durch eine vollständige Ausheilung einer möglichen weiteren Geburt ein soliderer Weg geebnet. Beide Faktoren tragen nicht unerheblich zur Entlastung unseres Gesundheitssystems bei.

Abgesehen von der physischen Genesung, die sich schneller einstellt, wenn die Mutter die Zeit des Wochenflusses tatsächlich stressfrei und zu einem Großteil (besonders anfangs) buchstäblich im „WochenBETT" verbringt, tun sich noch viele weitere Vorteile auf: Was die Mutter betrifft, so kann sie sich langsam an die neue Situation gewöhnen, sie erkennt die Bedürfnisse ihres Babys und kann dieses einmalige Wunder voller Liebe genießen. Das wiederum verringert das Auftreten von nachgeburtlichen Verstimmungen und Depressionen, da man beinahe all seine Energie dafür verwenden kann, sich die neue Situation anzusehen, sich hineinzuspüren und sich somit eher darauf einlassen kann.

Ein besserer Gemütszustand der Mutter führt zweifelsohne zu einem entspannteren Baby – ich weiß zwar nicht, ob sich das wissenschaftlich belegen lässt, aber für mich reichen die Erfahrung und die vielen Mütter und Babys, die ich beobachtet habe, um das ganz klar festzustellen. (Dazu sollte ich in der aktuellen Zeit vielleicht auch anmerken, da hier ein gewisser Interpretationsspielraum bleibt, dass ich mit „entspannt" nicht meine, das Wochenbett mit Streamingdiensten oder dem Smartphone zu verbringen. Die Zeit sollte dem eigenen Körper und dem Kind gewidmet werden.)

Für den Körper kann man einiges zur Beschleunigung des Heilungsprozesses tun und die Bedürfnisse seines Kindes verstehen lernen. Wenn man einige Kleinigkeiten berücksichtigt, erschafft man einen Ort der Geborgenheit um sich herum, in dem die Familie ihr kleines Wunder gemeinsam genießen darf.

6. Eine „normale" Geburt – wenn du es wissen willst

Während ich in anderen Passagen dieses Buches noch näher auf die Hausgeburt eingehen möchte, um vielleicht einige Mütter mit den positiven Aspekten einer solchen „auf den Geschmack zu bringen", werde ich hier nun kurz versuchen, als Entscheidungshilfe einen Einblick in unsere damalige Gefühlswelt zu geben, wenn als Geburtsort ein so belebter Ort wie eine Klinik ausgewählt wird.

Es war die Nacht des ersten Schnees im Jahr, als ich wenige Stunden nach Mitternacht in einem nassen Bett aufwachte. Schnell hatte ich realisiert, dass es nicht einem zu hohen Druck auf der Harnblase geschuldet, sondern die geplatzte Fruchtblase war. Da Arzt und Hebamme mich vorab darauf hingewiesen hatten, im Falle eines Blasensprungs nur liegend ins zwei Kilometer entfernte Krankenhaus zu fahren, verständigte mein Mann ordnungsgemäß die Rettung. Schon da begann es kompliziert zu werden: Die Sanitäter wussten, dass sie eine Frau mit Blasensprung nur liegend transportieren durften. Das Problem war nur, dass sie mit der Tragbahre nicht durchs Stiegenhaus des Wiener Altbau-Zinshauses kamen. Nach einigem Hin und Her schlug ich schließlich vor, die Stiegen einfach selbst hinunterzugehen und mich ins Rettungsauto zu legen. Damit waren die Sanitäter von ihrer Problematik erlöst und ich fragte mich insgeheim, warum wir nicht gleich mit unserem Auto diese zwei

Minuten gefahren waren, das hätte die Gesamtsituation deutlich erleichtert.

Im Spital angekommen, war ich ehrlich gesagt alles andere als angetan von der mich umgebenden Atmosphäre. Als meine Hebamme dann endlich in das uns zugeteilte Wartekämmerchen mit Bett kam, bemerkte ich, dass allein der Umstand jemand Bekannten und Kompetenten griffbereit zu haben, ihr Geld wert war. Trotzdem hieß es erst einmal warten, und zwar nicht auf stärkere Wehen oder dass sich der Muttermund öffnete, der war ja seit der 35. Woche geöffnet, sondern auf ein freies Geburtszimmer. Ich ließ mir erklären, dass wegen des ersten Schnees ungewöhnlich viele Babys aus den Bäuchen ihrer Mütter wollten und es deshalb im Moment quasi keinen Platz zum Gebären gab. Das machte mich etwas unrund, denn ich spürte, dass es nicht mehr allzu lang dauern würde, und ich lag in einem sehr kleinen Untersuchungsraum – fast eine Art Besenkammer mit Krankenhausutensilien. Noch rechtzeitig wurde einer der Gebärräume frei und das erste, das ich hörte, war lautes Wehen-Gebrüll aus dem benachbarten Kreißsaal. Für mich dauerte es dann noch etwa anderthalb Stunden, in denen ich unter größter Erschöpfung ruhelos und schon halb im Delirium vor Schmerz und Schwäche nach einer geeigneten Gebärhaltung suchte. Badewanne, Seil, Bett – vieles war da. Nichts schien zu passen. An eine Badewanne war durch das späte Ankommen in diesem Raum und die daher schon starken, häufig wiederkehrenden Wehen nicht mehr zu denken – ich glaube, ich hätte nicht einmal den Fuß über den Rand gebracht. Das Seil war schwerkraftmäßig gut, aber ich schon viel zu schwach, um mich daran festzuhalten. Außerdem wollte ich in den Wehenpausen liegen und der Weg zwischen Seil und Bett mit dem Aufstehen und Niederlegen war eine Qual.

Mein Fels in der Brandung war meine Hebamme. Ich wurde unruhig, wenn sie den Raum verließ. Wenn sie etwas länger wegblieb, schickte ich jedes Mal meinen Mann nach ihr. (Das war übrigens noch nicht einmal eine so richtig erfahrene Geburtshelferin, wie sich später bei der Geburt der anderen beiden Kinder herausstellen sollte.)

Irgendwie fand ich dann eine eher aufrechte Haltung im Bett, in der ich die Presswehen bewältigte. Mittlerweile war ich so entkräftet von der ganzen Geburt, dass ich es – egal wie – einfach nur vorbei haben wollte.

Übrigens ein weiterer positiver Aspekt einer eigenen Hebamme: Wir hatten vor der Geburt besprochen, dass ich – sofern es irgendwie möglich sein würde – auf jegliche medizinischen Eingriffe unbedingt verzichten möchte. PDA oder Kaiserschnitt kamen im Vorhinein für mich nur im absoluten Notfall infrage. In der Endphase der Geburt hätte ich mir allerdings alles geben lassen, um diesen Schmerz loszuwerden. Natürlich bin ich im Nachhinein für mich und mein Baby heilfroh, dass uns keine schädlichen Substanzen und Narkotika verabreicht wurden, und auch, dass mich niemand in diesem Moment danach gefragt hat.

Mit gefühlt letzter Kraft und mit absolutem Fokus darauf, diese Sache jetzt endlich hinter mich zu bringen, presste ich den Kopf meines Babys heraus, auch auf die Gefahr hin, dass mein Unterleib völlig explodiert (so fühlte es sich nämlich an: als ob man einen Tischtennisball in den Flaschenhals einer Mineralwasserflasche drücken will oder eben – korrekterweise – davon heraus).

Ich hoffe, ich schockiere hier keine Leserin mit meiner detailgenauen Beschreibung, aber mir wäre geholfen gewesen, hätte ich Ähnliches dieser Art im Vorhinein gewusst. Bei meinen weiteren Geburten wusste ich beispielsweise genau: „Auch wenn es sich nicht so anfühlt, mein Unterleib bleibt weitgehend heil ... Ah, das ist jetzt die Presswehe für den Kopf – und dann ist es auch schon fast geschafft. Der Kopf des Babys steckt kurz bis zur nächsten Wehe fest und kommt dann zur Gänze beim nächsten Pressen raus. Der unangenehmste Teil ist erledigt ... Nur noch eine für die Schultern des Babys – und das Wunder ist vollbracht. Die letzte Wehe für die Nachgeburt geht mit Baby am Bauch im Freudentaumel unter."

In der Schulmedizin würde man in meinem Fall vielleicht von einer perfekten Geburt sprechen. Mein erstes Kind kam drei Tage vor Termin mit satten 3,9 Kilogramm komplikationslos und gesund innerhalb von wenigen Stunden zur Welt.

Vergleiche ich das allerdings mit meinen späteren Hausgeburten, war diese Spitalsgeburt einfach viel zu viel an „Rundherum". Das gesamte Setting ist leider weit weg von dem, was für unsere Neuankömmlinge auf der Erde wünschenswert wäre.

Eine Oase der Ruhe beschützt und begleitet von einer vollkommen in ihrer Kraft stehenden Mutter, wäre der Start ins Leben, den ich jedem neuen Menschen für seine Ankunft wünsche.

7. Mama, ich bleib bei dir

Ehrlich gesagt, hatte ich mir damals bei meiner ersten Geburt recht wenig Gedanken darüber gemacht, wie und wo man gebären sollte. Als es dann so weit war, war ich von dem ganzen Ereignis zunächst so sehr entkräftet, dass ich kaum Gefühle oder Aufmerksamkeit dafür hatte, was rund um mich oder mit meinem Sohn geschah. Kaum waren allerdings die Kräfte etwas regeneriert, sah die Welt für mich schon ganz anders aus. Nach Baby-Öl duftend lag hier mein kleines Wunder. Gebadet und im hellblauen Strampler schlief mein Sohn im Kinderbettchen neben mir. Recht schnell verspürte ich das Bedürfnis, ihn da rauszuholen und näher bei mir zu haben, obwohl er, wohl erschöpft von diesem Großereignis, gleich mal sechs Stunden am Stück schlief.

Ich holte ihn trotzdem zu mir ins Bett, wo er einfach weiterschlief, während ich – vor lauter Staunen und vor Angst, mich auf ihn draufzulegen – kein Auge zu bekam. Mittlerweile war ich bald 24 Stunden wach. Da auch mein Kreislauf noch immer nicht stabil war, wurde aus meinem Plan ambulant (zeitnah nach der Geburt) heimzugehen, erst mal nichts. So verlebten mein Baby und ich unseren ersten gemeinsamen Tag im Krankenhaus – in einem Dreibettzimmer. Drei Mütter, drei Babys und jede Menge Besuch dazu. Manchmal wäre ich beinahe etwas eingenickt, aber die Glückwunschtelefonate und SMS meiner Zimmerkolleginnen raubten mir weitere Stunden Schlaf.

Ich sah wohl ziemlich fertig aus, als eine Stationsschwester mir erklärte, dass es auch wichtig sei, dass ich selbst schlafe und dass sie das Kind gerne ins Kinderzimmer bringt, damit ich jetzt einmal schlafen könne. Irgendwie hatte ich kein gutes Gefühl bei diesem Vorschlag, gehorsam folgte ich aber doch dem Rat der Schwester – für etwa fünf Minuten. Kaum hatte sie das Bettchen mit meinem Sohn zur Tür hinausgeschoben, blickte ich in die Leere neben mir. Obwohl es mir irgendwie peinlich war, drückte ich prompt wieder den Rufknopf mit dem Schwestern-Symbol und bat sie, mir mein Kind doch hier zu lassen. Bestimmt schaute sie mich schief an, aber es war mir völlig egal. Ich wollte mein Kind wieder in meiner Nähe haben, auch wenn die Stunden ohne Schlaf sich summierten.

Ich musste eine weitere Nacht im Spital bleiben, die mir ebenfalls schlaftechnisch gar nichts einbrachte, da die Babys meiner Nachbarinnen abwechselnd weinten. Am nächsten Morgen waren meine Brustwarzen wundgesaugt. Die oft völlig voneinander abweichenden Stilltipps der meist jungen, noch kinderlosen Säuglingsschwestern, die aber keinen absehbaren Erfolg für meine Brust in Aussicht stellten, ließen in mir die Verzweiflung hochsteigen. Man riet mir, weitere Stunden auf der Geburtenstation zu bleiben, um die Visite des Kinderarztes nicht zu versäumen. Mit dessen Ankunft wurde mein Kind erneut weggebracht und trotz deutlich spürbarem Widerwillen sagte ich mir vor: „Sei nicht so eine Glucke! Wenn der Kleine jetzt kontrolliert wird, ersparst du dir den Gang zum Arzt innerhalb der ersten Lebenswoche" (wie es der österreichische Mutter-Kind-Pass vorsieht).

Inzwischen war auch mein Mann gekommen und ich schickte ihn sofort los, um nach unserem Sohn zu sehen. Er berichtete mir, dass alle Babybettchen dort nebeneinander aufgereiht seien, dass der Arzt von einem Kind zum anderen gehe und dass es wohl bald erledigt sei. Mir brach fast das Herz.

Zwei Stunden später bekam ich mein Baby mit Schnuller im Mund (offensichtlich zur Beruhigung, weil er wohl geweint hatte) wieder zurück, erfuhr, dass uns die Untersuchung für den Pass doch nicht erspart bliebe und ich meinen Kleinen noch in dieser Woche einer weiteren ärztlichen Begutachtung zu unterziehen hätte – die Spitalsuntersuchung sei für den Pass nicht gültig.

Es gibt wohl viel schlimmere Dinge, mit denen manche Babys fertig werden müssen, aber ein tiefes „nie wieder" konnte ich regelrecht in mir spüren. Wir packten unsere Sachen und fuhren nach Hause. Endlich.

Natürlich können wir in einigen Fällen dankbar für Krankenhäuser und die Leistungen der Schulmedizin sein. Wir sprechen auch im Vergleich zu den vergangenen Jahrzehnten durchaus von Fortschritt, da es mittlerweile auch wieder üblich geworden ist, Babys beispielsweise direkt nach der Geburt ihren Müttern zum Stillen zu übergeben und nicht wie zu Omas Zeiten in die berüchtigten Kinderzimmer wegzuführen und mit Milchpulver aufzuziehen.

Aber selbst diese Verbesserung auf den Geburtenstationen kann nicht annähernd mit der vertrauten Atmosphäre mithalten, die die eigenen vier Wände für Mutter und Baby bereithalten.

Man sollte sich einmal grundsätzlich damit auseinandersetzen, was dieses Ereignis „Geburt" für den Menschen bedeutet. Es ist physisch wie psychisch ein Eintritt in eine absolut neue Welt. In unserem bewussten Leben werden wir wohl kaum noch einmal eine Veränderung in derartiger Größenordnung durchmachen. Wenn ich mir also vorstelle, dass der frischgeborene Mensch jetzt gute neun Monate IM Bauch der Mutter verbracht hat, dann liegt es nahe, nun überwiegend AM Bauch oder sonst irgendwie sehr nah an der Mutter sein erstes Dasein zu meistern. Irgendwie liegt es doch auf der Hand, dass es von absolutem Vorteil ist, die größtmögliche Ruhe in die Umgebung des Babys zu bringen. In dieser Phase, unmittelbar nach der Geburt, kann jeder fremde Mensch mehr, jede zusätzliche Aktion, die mit dem Säugling unternommen wird, sogar jedes Geräusch, eine Belastung für das Kind und nicht selten auch für die Mutter sein.

Eine Geburt sollte naturgemäß als das zelebriert werden, was sie ist: die Niederkunft neuen Lebens in vollkommener Liebe und in der Stille und Kraft des Universums.

Ich habe erlebt, wie glückselig Mutter und Kind sein können, wenn man sie in dieser Ruhe ihre gemeinsame Bindung beginnen und ausleben lässt. Der Moment, in dem ich mein Baby das erste Mal in Händen hielt, ist bis heute der Moment, der mich tiefer im Herzen berührt hat als alles andere. Es ist wie ein vollkommenes Geschenk, das alles für ein wundervolles Dasein mitbringt, und doch steht der junge Mensch wehrlos all den von Menschen gemachten Strukturen und Maschinerien gegenüber – es liegt bei den Eltern, dem Kind sein wundervolles Gedeihen zu bewahren.

Es war der Augenblick, in dem ich begriff, dass ich „NEIN" sagen musste, wenn andere Personen und Institutionen mit diesem jungen, seligen Menschen Dinge vorhatten, die ihm nicht guttaten – denn einige Leute hätten seine Bedürfnisse nicht erkannt.

Es waren die Augen meines Sohnes, die sagten: „Mama, ich bleib bei dir – ich habe dich ausgewählt, um für mein Heranwachsen stark zu sein, bis ich selbst stark genug bin."

8. Erstes Stillen – und es geht

Allein der Anblick eines sanft schlummernden Babys, das zufrieden an der Brust seiner Mutter genährt wird, ist für viele ein Sinnbild von Wohlgefühl und Harmonie. So empfinde auch ich heute das Stillen des eigenen Nachwuchses als eines dieser Wunder, die uns die Natur geschenkt hat.

Für Millionen Frauen gehört dieses Ritual zum ganz normalen Alltag mit Kind. Dennoch sind es wieder überwiegend die jungen Mütter der „zivilisierten" Länder, die in die natürlichen Funktionen ihres Körpers erst einmal wieder Vertrauen fassen müssen. Nicht anders ging es mir, als ich mit 24 vor der Aufgabe stand, mein Kind jetzt im Stundentakt zu nähren.

Wie schon erwähnt, waren meine ersten Stillversuche im Krankenhaus eher kläglich. Zum einen war anfangs eben nur die Vormilch da, die meinen hungrigen Sohn mengenmäßig kaum zufriedenstellte. Zum anderen war mir meine Unbeholfenheit sicher ins Gesicht geschrieben, denn jede Kinderschwester, die in meine Nähe kam, gab mir – sicher in guter Absicht – jeweils einen anderen Rat, wie ich mein Kind nun am besten anlegen sollte. Meine Hebamme war nach geschaffter Geburt erst einmal wieder zu Hause, um sich auszuschlafen. Der unglaublich kräftige Sog meines Söhnchens ließ meine sensiblen Brustwarzen daher schnell rot und wund werden. Auch die vom Spitalspersonal verabreichten kühlenden Kompressen bedeuteten keine Linderung, da die Brust ja alle paar Stunden wieder von Neuem beansprucht wurde.

Nun kam endlich die Hebamme zur Visite und erlöste mich von dem Drama, indem sie meinen Mann in die Apotheke schickte, um Stillhütchen zu besorgen. Die Verwendung von Stillhütchen gepaart mit einer wunderbaren Hebammensalbe (siehe Anhang) ermöglichten eine schnelle Heilung und Abhärtung der Brust. So konnte ich nach einigen Wochen problemlos und überall, sitzend oder liegend, stillen.

Eine weitere Sache, die ich ohne Hebammenwissen sicher nicht so gut ausgestanden hätte, ist die zyklische Änderung der Muttermilchzusammensetzung. Etwa nach drei Wochen gab es jeweils eine Nacht, in der mein Kind nicht von der Brust zu bekommen war – als hätte es dauernd Hunger. Als wäre meine Milch eben nicht sättigend genug. Wieder kam vor allem von den älteren Familienmitgliedern ein Zureden (sicher nett gemeint), dem Kind doch jetzt endlich die Flasche zu geben. Ich selbst sei ja auch mit Flasche aufgezogen worden und aus mir sei doch auch etwas geworden. Nach etlichen Stunden ohne Schlaf und mit unzufriedenem Baby im Arm habe ich mich also erweichen lassen und meinen Mann zur Nachtapotheke geschickt, um eine Fläschchennahrung zu besorgen. Bevor ich allerdings die Tüte mit dem Pulver auspackte, entschied ich mich doch noch die Hebamme zu konsultieren. Sofort beruhigte sie mich mit den Worten: „Das ist ganz normal, deine Milch stellt sich gerade um und wird nun gehaltvoller. Dein Baby muss sich noch ein paar Stunden gedulden, dann wird es passen. Wenn ihr gar nicht mehr weiter wisst, dann kocht etwas Wasser ab und füllt das ins Fläschchen, das füllt zumindest den Magen. Morgen habt ihr es geschafft. Und übrigens, in Lebenswoche 6 und 9 wiederholt sich diese Milchumstellung."

Schon die Worte der Hebamme und auch der Trick mit dem „Wasserflaschi" beruhigten uns alle und wir konnten den Rest der Nacht gut hinter uns bringen. Tatsächlich war der Spuk am nächsten Morgen vorbei und wir haben alle einen kräftigen Mittagsschlaf gemacht.

Mit diesem Wissen und dem wachsenden Vertrauen in meinen Körper wurde das Stillen für uns zur Wonne. Ich wusste, dass auch meine sensiblen Brustwarzen dieser Dauerbelastung gewachsen waren, und ich hatte bemerkt, dass mein Körper die richtige Milch zur richtigen Zeit und in der richtigen Menge produzierte. Wichtig war nur, dass ich mich nicht von äußeren Einflüssen stressen ließ und dass ich ausreichend gesunde Nahrung zuführte.

Stress in der Stillzeit ist generell unbedingt zu vermeiden. Insbesondere jener, der von außen an einen herangetragen wird. Je nach Kind kann es schon Herausforderung genug bedeuten, den Alltag in den eigenen vier Wänden zu bewältigen: Zusätzliche Termine, zu viel Besuch oder allerlei Projekte geben einer harmonischen Stillbeziehung nicht selten den Gnadenstoß.

Zu viel Unausgeglichenheit kann dabei zu einer sogenannten Brustentzündung führen. Diese beginnen meistens mit Druckschmerzen unter der Achsel oder rötlichen, warmen Flecken auf der Brust. Auch ich habe nicht nur einmal mit diesen Symptomen Bekanntschaft gemacht, sie aber Gott sei Dank immer wieder gut in den Begriff bekommen. Zum Ersten muss der Milchfluss durch das trinkende Baby weiter in Gang gehalten werden. Zusätzlich ist häufig ein Wickel mit Topfen und Weißkraut der helfende Retter in der Not. Auch das Ausstreifen der Brust, bäuchlings in der warmen Badewanne, leistet gute Dienste – insbesondere beim Abstillen.

Warum man darauf achten sollte, Brustentzündungen rasch in den Griff zu bekommen oder man es am besten gar nicht erst so weit kommen lassen sollte, zeigt folgende Geschichte:

In der Generation unserer Mütter, als das Stillen gerade erst wieder modern wurde, gab es selten Hebammen, die den jungen Müttern zur Seite standen. Das natürliche Wissen war über die letzten Generationen kaum weitergegeben worden. Im Gegenteil, noch meiner Oma wurde im Spital das Kind nach der Geburt nur stundenweise zur Ansicht gegeben und die Vormilch abgepumpt, weil sie nach dem damaligen wissenschaftlichen Stand als schädlich für das Kind galt. Das stelle man sich einmal vor! Heute wird diese Milch als Vitalitätselixier teuer gehandelt und gilt als wichtigste Nährstoffversorgung für den neugeborenen Menschen. Verrückt! Tja, so beständig ist also eine „wissenschaftliche" Aussage.

Jedenfalls waren die damaligen Frauen oft schlecht beraten. Sie hatten sofort wieder ohne Wenn und Aber den Haushalt zu bewältigen und häufig gleich in den ersten Tagen jede Menge Besuch zu verköstigen – schließlich wollte ja jeder das süße Baby sehen. Wie es um die Mutter stand, war zu dieser Zeit kaum von Interesse. So bahnte sich auch bei der stillenden Frau der folgenden Geschichte bereits nach wenigen Wochen eine ordentliche Brustentzündung an. Leider war niemand mit Topfen und Krautwickel zur Stelle und so hieß die Diagnose des Arztes: Medikamente und Abstillen. Entkräftet folgte die Frau dem Rat des Arztes und das Kind musste auf Fläschchen-Nahrung umsteigen. Das Problem war nur, dass in diesem Fall das Kind diese künstliche Nahrung nicht vertrug und sich der Darm verstopfte, was mit einem operativen Eingriff bei einem erst wenige Wochen alten Baby endete.

Ich erzähle ungern solche bedrückenden Geschichten und sowohl ich als auch mein Bruder sind Flaschenkinder (fast) erster Stunde – und es gab keine mir bekannten Komplikationen.

Dennoch möchte ich zeigen, wie wichtig es sein kann, sein Baby zu stillen und ganz bestimmt ist es die beste Nahrung, die uns in den ersten Monaten gegeben werden kann. Deshalb zahlt es sich aus, mit dieser Ressource achtsam umzugehen und für Mutter und Kind ein schönes Stillerlebnis zu schaffen - auch wenn es anfangs etwas dauern kann, bis sich das Ganze einspielt. Neben unserem Bauchgefühl dürfen wir auch hier Mutter Natur vertrauen, die doch die allermeisten Frauen mit der Fähigkeit zu stillen bedacht hat. Für das passende „Setting" sind wir allerdings selbst mitverantwortlich.

9. Von Anfang an bist du wunderbar

Wenn Babys schreien, wenn sie uns den letzten Schlaf rauben und wenn sie uns um unsere Selbstbestimmung im Leben zu bringen scheinen - dann möchte man meinen, die obigen Worte im Titel dieses Kapitels würden völlig fern jeder Realität sein. Tatsächlich aber liegt es an jedem selbst, den wahren Wert dieser Worte zu entdecken.

Gut erinnere ich mich an die ersten Wochen als frischgebackene Mutter: Zum Beispiel als mein drei Wochen alter Sohn jedes Mal zu weinen begann, wenn ich ihn von der Brust nahm. Damals dachte ich so bei mir: „Also, wenn ich könnte, würde ich dieses Baby zurückschicken, wo es hergekommen ist." Ich war nicht selten an meine Grenzen gelangt. Als 24-jährige Studentin war ich es nicht gewohnt, dauernd Wäschebergen hinterher zu arbeiten. Ich kam nicht damit zurecht, mir täglich ausreichend Essen zuzubereiten. Ich stand mit ungewaschenen Haaren, einem Riesenhunger und leerem Kühlschrank vor einem Berg von Wäsche und wusste nicht, wie ich es fertigbringen sollte, dieses Kind nur mal für fünf Minuten wegzulegen. Es war ein Desaster. Und ich fand keinen Ausweg. Ein Glück, dass mein ältester Sohn - auch jetzt noch - die Dinge viel gelassener nimmt als ich. Für seine Toleranz mit mir als unerfahrene Mama bin ich ihm wirklich unglaublich dankbar.

Was also daran ist nun wunderbar, mal abgesehen von den Momenten der tiefen Liebe, die einen berühren, wenn man den kleinen Erdenbürger ansieht, während er schläft oder lächelt?

Wunderbar ist das Wesen des Babys vor allem dann, wenn es Ruhe und Raum zum einfachen Dasein hat, weil seine Mutter dafür sorgt, dass seine Welt in Ordnung ist.

Ein schönes Beispiel für diese Erkenntnis war die Ankunft meiner Tochter: Während mein ältester Sohn an seinem zweiten Lebenstag, nach einer vollen Geburtenstation, umringt von Schwestern, Ärzten, läutenden Handys und Besucherwellen, erst in unserer kleinen Stadtwohnung etwas Ruhe fand, erblickte unsere Tochter das Licht der Welt im Schlafzimmer unseres Einfamilienhauses in völliger Ruhe und bei gedimmtem Licht.

Schon allein das vertraute Ambiente im eigenen Haus machte einen totalen Unterschied. Das Baby lag von Anfang an stets nahe bei mir. In dem Bett, in dem ich die Nacht zuvor noch mit ihr IM Bauch verbrachte, wurde unsere Tochter auch geboren, und dort lag sie nun AM Bauch und ruhte sich von der Geburt aus. Es war ein Ort völliger Ruhe, viel Besuch war von mir noch nicht erlaubt. Meine großen Kinder und mein Mann begrüßten sie sanft, aber ließen uns beiden die Ruhe, die wir brauchten.

Als mittlerweile erfahrene Mutter und Hausfrau hatte ich auch unseren Alltag bestens organisiert. Abgesehen von einer vollen Vorratskammer und einem Kochplan für meinen Mann, gab es eine Haushaltshilfe für die ersten zehn Tage. Ich wusste jetzt genau, was nötig war, um einen Fünf-Personen-Haushalt am Laufen zu halten. Und weil alles organisiert war, konnte ich mich nur meinem Baby und der Regeneration meines Körpers widmen. In den ersten Tagen verließen sie und ich tatsächlich kaum das Bett. Die Hebamme war begeistert über meine überdurchschnittlich schnelle und gute Rückbildung der Gebärmutter. Die Kinderärztin musste die Waage ein zweites Mal einschalten, weil sie ihren Augen nicht traute, als die kleine Dame bereits mit vier Wochen stolze zwei Kilogramm zugenommen hatte und meinte, dass „sie wohl ein sehr zufriedenes Baby sein muss". Das war sie auch. Unsere Tochter war ein so entspanntes Baby, dass nicht nur Tage, sondern tatsächlich Wochen ohne Schreien vergingen.

Was ich damit veranschaulichen will, ist, dass nicht unbedingt das eine Kind als „Schreikind" und das andere als „Schlafkind" geboren wird, sondern dass die es umgebende Welt meist ein ausschlaggebender Faktor für das Befinden des Kindes ist.

Jedes meiner drei Kinder hat selbstverständlich Charakterzüge, die teilweise unterschiedlicher nicht sein könnten – und natürlich ist dieses angeborene Naturell von Beginn an zu bemerken. Das trifft allerdings nicht unmittelbar eine Aussage über die Zufriedenheit des Babys. Ob ein Kind nun einen sehr energievollen oder eher ruhigen Charakter hat, es kann von Beginn an glücklich in dieser Welt ankommen oder heftig dagegen protestieren – und ich denke: Da sind wir Eltern gefragt.

Dass ich als bereits geübte Mutter bei meinen jüngeren Kindern einen Startvorteil hatte, ist auch klar. Ein gewisses Knowhow und manchmal auch die nötige Gelassenheit ergeben sich da einfach automatisch. Aber ein wesentlicher Teil dieser Erfahrungen liegt in Dingen, die auch jede Erst-Mama umsetzen kann, wenn sie nur wüsste, dass die Tatsache, dass vordringlich sie ihre Zeit dem Kind schenken sollte, weit wichtiger als beispielsweise die Frage der Ergonomie des Kinderwagens ist. Sich diese Zeit freizumachen bedarf in der heutigen Gesellschaft manchmal tougher Organisation und einem gewissen Eigensinn – das betone ich mit Nachdruck.

Gelingt es einer Familie jedoch, diese Umgebung herzustellen, erwartet sie tatsächlich das wohl größte Wunder auf Erden. Speziell die ersten Tage sind nicht nur für Mutter und Kind, sondern auch für den Rest der Familie (Vater, Geschwister) wie

Magie. Der Liebe und dem Band, das der neuangekommene Mensch um seine ganze Umgebung spannt, wohnt eine Kraft inne, die ihresgleichen sucht. Es ist eine Art tiefes Wohlgefühl, gepaart mit einer Form von Ur-Zusammengehörigkeit, die in ihrer Intensität von nichts übertroffen werden kann.

Es muss wohl das sein, was Gott oder die Evolution vorgesehen haben, um Familien zusammen zu halten und sie zu veranlassen, Kindern ihre Liebe zu schenken. Diese Urkraft hat durchdringende Stärke und kann auch noch unter den größten Widrigkeiten wahrgenommen werden.

Man kann dieses enorme Wohlgefühl auch potenzieren und für sich, seine Familie und allen voran den neuen Erdenbürger eine strahlende Umgebung schaffen, in der diese reine Liebe ausreichend Raum und Zeit hat, sich auszubreiten und ihren magischen Bogen über jedes Familienmitglied zu spannen. Das ist eine sehr schöne und sehr wertvolle Erfahrung, die wie ein Geschenk des Himmels jedem zur Verfügung steht, der bereit ist, ihr Platz zu machen.

10. Achtung (Rat)Schläge!

Es ist schon eigenartig, dass gerade ich als Autorin eines Eltern-Ratgebers ein ganzes Kapitel der eindringlichen Warnung vor diversen Ratschlägen widme. Trotzdem sollte man doch vor einigen dieser gut gemeinten Tipps tatsächlich auf der Hut sein.

Bei Aussagen wie „… und wir haben das auch überlebt!" oder „… und er ist auch groß geworden" sollte man sich vielleicht genauer ansehen, wie gut diese Person tatsächlich lebt. Wünscht man dasselbe Dasein für sein Kind? Reicht es aus, dass unser Nachwuchs einfach groß wird? Was wollen wir ihm mitgeben? Wie wollen wir ihn unterstützen?

Anstatt an dieser Stelle eine Liste von „Falsch" oder „Richtig" zu geben, möchte ich einmal mehr auf die eigene Intuition – das Bauchgefühl – oder unsere Fähigkeit, Beobachtungen anzustellen, aufmerksam machen. Prinzipiell ist „Funktioniert es" oder „Funktioniert es nicht" ein sehr gutes Bewertungskriterium.

Ich gebe dabei auch zu bedenken, dass bei Kindern Auswirkungen – im Positiven wie im Negativen – oft erst lange danach zutage treten. Es ist beispielsweise in den ersten Jahren der Kindheit für die Eltern ganz bestimmt „gemütlicher" ihr Kind eher autoritärer zu erziehen und wenig auf dessen tatsächliche Bedürfnisse einzugehen. Ein junges Kind ist so abhängig von seinen Eltern, dass es in den ersten Jahren oft sehr folgsam ist – ja, richtig bemüht, seinen Versorgern alles recht zu machen. Spätestens aber ab der Pubertät (oft schon weit früher), tut es das Kind dann den Eltern gleich und macht sie zu seinen Dienstboten oder beschert ihnen unglaublichen Kummer.

Ich erinnere mich gut, als wir einmal zu einer Grillfeier eingeladen wurden. Mein zweiter Sohn war etwa ein halbes Jahr alt. Zufällig hatten auch die Gastgeber einen Sohn etwa im selben Alter. Wir stießen am frühen Abend zu dieser Gesellschaft und noch bevor ich mich nach dem kleinen Altersgenossen meines Sohnes erkundigen konnte, kam sein Vater auf mich zu, um mir stolz zu erzählen, dass sie da keine großen Sachen machen und der Kleine bereits seit fünf Uhr nachmittags im Bett liege – man will ja schließlich auch seine Ruhe haben. Auch die Mutter winkte mir mit Babyfon in der einen und Cocktail in der anderen Hand freundlich zu und widmete sich wieder dem Party-Geschehen.

Verdutzt wechselte ich noch ein paar Worte mit dem Vater des „braven" Schläfers, der mir erklärte, dass der Kleine schon super durchschlafe, von fünf Uhr nachmittags bis acht Uhr früh. Und wenn er weint, würden sie ihn grundsätzlich erst einmal liegen lassen. „Man erkennt dann schon, ob er einfach nur quengelt oder wirklich etwas braucht", denn bei jedem Mucks würden sie sicher nicht zu ihm gehen, das müsse der Junge schon mal lernen.

Vielleicht hätte ich als frischgebackene Mutter, die ihr Baby täglich in den Schlaf und auch mehrmals nachts stillt, eine Menge Vertrauen in mich verloren oder wäre vor Neid geplatzt. Da ich aber bereits erfahrener und nicht zum ersten Mal Mama war, schlürfte ich gelassen meinen Fruchtsaft aus und verabschiedete mich relativ früh von der Party, um zu Hause gemütlich mit meinem Baby in den Schlaf zu kuscheln.

Der kleine Schläfer ist mittlerweile ein Schulkind und ein ordentlicher Racker geworden, der leider außer

Verhaltensauffälligkeiten auch kognitive Defizite aufweist und seinen Eltern das Leben nicht besonders leicht macht. Das also einmal zum Thema Langfristigkeit in der Kindererziehung: Momentaufnahmen können manchmal täuschen.

Ganz im Gegensatz dazu: das selbstbestimmte und freie Kind. Dieser kleine Mensch hat so viel Energie, Freude und Entdeckerdrang, dass Eltern gar nicht damit nachkommen, die Umgebung entsprechend zu gestalten. Oft genug raus gehen, die Gewürzlade wieder einsammeln und und und … von Gemütlichkeit und Ruhe können diese Eltern anfangs oft nur träumen. Nicht selten geraten sie in die Zwickmühle, wenn sie versuchen, Kind und Etikette zu vereinen – sei es ordentliches Frisieren oder im Restaurant, weil der Sprössling dort den Zitronenkern nicht aus dem Glas fischen sollte.

Die Ernte guter Begleitung, die die Selbstbestimmung des Kindes im Fokus hat, ist jedoch üppig und manifestiert sich in erster Linie in dem, was uns alle antreibt: aufrichtige Liebe.

Zudem sind Kinder, denen erlaubt wurde, frei zu gedeihen, meist schon im Alter von vier Jahren unglaublich kooperationsbereit. Und wenn diese Beziehung nicht allzu sehr von gesellschaftlichen Einflüssen gestört wird, ist das Resultat irgendwann: Groß gewordene Kinder, die ihr Leben im Griff haben und gerne mit den Enkeln zu Oma Essen kommen und Opa bei der Reparatur des Rasenmähers helfen – oder auch gemeinsam mit den Oldies nach Spanien trampen, wenn alle noch jung genug geblieben sind.

Zusammengefasst: Was fühlt sich für mich richtig an? Was beziehungsweise welche Methoden führen auch langfristig zum gewünschten Ziel?

Wenn Momentaufnahmen auch manchmal in die Irre führen, bei kontinuierlicher Beobachtung von anderen Familien ist meist schon ein Trend in eine gewisse Richtung erkennbar – man entscheidet dann einfach, ob das auch für einen selbst in dieser Weise erstrebenswert ist, ob man es so auf keinen Fall macht oder ob man weiter nach einer optimaleren Lösung suchen will.

Als ich gerade erst drei Monate Mutter war, schleppte mich eine Bekannte mit zum Mutter-Baby-Bauchtanz, um mehr Kontakt zu anderen Müttern zu bekommen. Vielleicht etwas angetrieben von dem Pflichtgefühl, jetzt endlich wieder gesellschaftlich aktiv werden zu müssen, ließ ich mich überreden und besuchte mit meinem Kleinen die erste Einheit. (Es wurden auch nicht mehr.) Obwohl die beim Bauchtanz verwendeten Tücher und Glöckchen mein Baby eine Zeit lang berauschten, konnte von Entspannung nicht wirklich die Rede sein.

Irgendwann wurde mein Söhnchen nämlich des bloßen Daliegens unter der bauchschwingenden Mutter überdrüssig. Mir blieb nichts anderes übrig, als der Versuch, den Übungen mit Baby am Arm, der immer schwerer wurde, zu folgen. Das mit dem Tragetuch wollte auch noch nicht so recht klappen und so sehnte ich schweißgebadet dem Ende dieser Einheit entgegen.

Bei den wenigen Plaudereien, die sich zwischen Beckenbodentraining und Baby-Zufriedenstellen ausgingen, blieb meine Aufmerksamkeit bei einer etwas älteren Mutter hängen, deren Kind als einziges während der gesamten Kursdauer und trotz des Trubels durchwegs schlief. Sie konnte das Kind hochnehmen, umlegen – es schlief. Das musste auch den anderen Teilnehmerinnen aufgefallen sein und als die besagte Mutter darauf angesprochen wurde, berichtete sie uns verheißungsvoll von ihrer Praktik: Das Kind einfach schreien lassen, bis es einschläft.

Das habe sie schon bei ihrer großen Tochter so gemacht und überdies sei der Erfolg und somit auch der Schlaf des Babys so hervorragend, dass sie bereits drei Mal seit der Entbindung (das Baby war auch nicht älter als drei Monate) bis spät nachts in einer Salsa-Bar zum Tanzen war.

Abgesehen davon, dass die Haut ihres Kleinen in einem wirklich schlechten Zustand war und er einen ganz verkrampften Gesichtsausdruck – sogar im Schlaf – hatte, brauche ich dem ganzen wohl nicht mehr hinzuzufügen als diesen einen Satz: Als die Kurseinheit vorüber war, packte die besagte Mutter hastig ihre Sachen und ihr Baby ein, weil sie ihre Tochter (jetzt sieben Jahre) bei der Schulpsychologin abholen müsse.

Ich bin eigentlich überzeugt davon, dass es den meisten Eltern schon beim Gedanken daran, ein Baby einfach in den Schlaf schreien zu lassen, genau wie mir die Kehle zuschnürt. Und dass jene, die sich schon extra die Zeit nehmen, ein Buch über das Leben mit Kindern zu lesen, längst wissen, was mit einem Menschen passiert, dem von Geburt an gezeigt wird: „Schrei nur! Welches Bedürfnis du auch hast, ich nehme dich nicht wahr."

Nur für den Fall, dass dem nicht so ist: Minderwertigkeitskomplexe, Aufmerksamkeitsdefizit und noch viele andere psychische und physische Leiden sind die Folgen einer Kindheit ohne Liebe, ohne Vertrauen, ohne der Gewissheit wahr- und ernst genommen zu werden. Ich bin keine Wissenschaftlerin und auch keine Psychologin. Aber die Spätfolgen einer unglücklichen Kindheit brauche ich nicht beweisen, die kann man sehen: Schau dich einfach um!

Es gibt kaum ein Terrain, das so viele „Weisheiten", Abhandlungen, Do´s und Don´ts verzeichnet, wie die gelungene Elternschaft. Da kann es schon mal passieren, dass einen diese Flut an Informationen und Meinungen zu sehr verwirrt oder man einfach durch eine Phase im Leben geht, in der einen das Vertrauen oder überhaupt die Wahrnehmung des eigenen Bauchgefühls verlässt. Aber auch da gibt es eine recht zuverlässige Abhilfe. Ein passender Ausdruck dafür wäre: Back to the Roots.

In all dem Trubel einen Moment innehalten und sich bewusst machen, wo unser Ursprung als Mensch liegt, ist eine äußerst hilfreiche Methode, um nicht den Boden unter den Füßen zu verlieren und wieder Kraft für eigene Entscheidungen zu tanken. Das beschränkt sich übrigens nicht nur auf den Bereich des Kinder-Großziehens.

Ich muss zugeben, dass der Lebensabschnitt, als ich in einer Holzhütte eines costa-ricanischen Bauerndorfes lebte, einiges dazu beigetragen hat, das Leben etwas „einfacher" und purer zu verstehen. Gerade deshalb bin ich aber auch fest davon überzeugt, dass unsere ursprüngliche Verbindung zu Natur und Leben – wenn sie nur einen Moment lang Zeit hat, mit uns in Kommunikation zu treten – ein guter Ratgeber sein kann.

Wenn man beispielsweise verunsichert ist, ob man eine Hausgeburt wagen soll (sofern medizinisch nichts dagegenspricht), kann man einfach an die vielen Frauen dieser Welt denken, die in ihren Höhlen, Hütten und Häusern über Jahrtausende gesunde Babys zur Welt gebracht haben; denn sonst wären wir nicht hier.

Wenn man eigenartige oder gar verwerfliche Blicke erntet, weil man sein Kind mit einem Jahr noch stillt, dann kann man sich die vielen Naturvölker vor Augen führen, die ihre Kinder oft noch bis ins fünfte oder sechste Lebensjahr stillen, weil es Nahrungsversorgung und Gesundheitsvorsorge gleichzeitig ist.

Und wenn man sich die Tränen verdrückt, während man seine zweijährige Tochter im Kindergarten zurücklässt, dann sollte man sich vielleicht in den Alltag indigener oder früherer Kulturen hineinversetzen, wo Kinder bis ins Alter von gut fünf Jahren im Dorf, nahe der Mutter, ihren Tag verleben. Bevor sie später mit den älteren Kindern durch den Wald ziehen, um die Kulturtechniken zu lernen, die ihr Überleben sichern.

Dinge mit einer gewissen Distanz und aus diesem Blickwinkel betrachten zu können, eröffnet uns in vielen Bereichen neue Perspektiven und verleiht manchmal genug Kraft, um durchzuatmen und seinen eigenen Weg zu gehen.

Wir finden in diesen Vergleichen mit unseren ursprünglichen Kulturen auch Antworten auf alle möglichen Themengebiete, wie beispielsweise Ernährung, Bewegung oder Gesundheit – und beginnen vielleicht zu verstehen, wieso heutige Entwicklungen, die so fern ab von dieser Ursprünglichkeit sind, so viele Probleme bereiten und weitgehend versagen.

Auf einem Vortrag habe ich einmal gelernt, dass unser Körper sich in den letzten paar tausend Jahren kaum wesentlich verändert hat. (Für die Evolution sind „Jahrtausende" eine verschwindend geringe Zahl. Das wird einem bewusst, wenn man einmal das Dasein des Menschen ins Verhältnis zur Entwicklungsgeschichte unserer Erde setzt.) Wenn man sich dann beispielsweise vor Augen hält, wie viel Bewegung der Mensch noch vor wenigen Jahrhunderten zwangsläufig gemacht hat – wie gut kann dann ein Bürojob oder der Schulalltag sein, den wir uns und unseren Kindern tagtäglich zumuten?

Festgefahrene Systeme, die sich weit von diesem ursprünglichen Dasein als Mensch entfernt haben, lassen uns in einem Hamsterrad laufen, das keine Zeit für fundierte Entscheidungen lässt und zu laut ist, um unsere eigene Stimme zu hören. Aber Wurzeln haben wir alle die gleichen.

Für unsere Kinder könnten diese Momente, in denen wir damit beginnen, auf unseren Ursprung zu vertrauen, der Beginn des Auf-Lebens sein.

11. Ein entspanntes erstes Jahr

Der Wichtigkeit einer entspannten und entschleunigten frühen Kindheit haben schon viele Pädagogen und Schriftsteller unzählige Zeilen gewidmet. Eine ruhige Geburtsatmosphäre und ein ausgedehntes Wochenbett, in dem sich die Mutter weitgehend um den Säugling und ihre eigene Genesung kümmern kann, bilden die Basis und den Anfang einer gelungenen Elternschaft.

Ob Mutter und Kind in ihren ersten gemeinsamen Wochen Glück oder Verzweiflung verspüren, hängt in hohem Maß von der Ruhe und der entsprechenden Umgebung ab.

Während mir die Tage und Wochen nach meiner ersten Geburt Tränen und Verzweiflung brachten, erfüllte mich die Zeit nach meiner dritten Geburt mit Glück und Wohlgefühl. Den größten Unterschied macht bestimmt die innere Einstellung, aber auch die Rahmenbedingungen, die unseren Bedürfnissen Raum gaben, waren für mich wichtig. Eine gefüllte Vorratskammer, einen Papa, der da ist, gegebenenfalls für die Geschwisterkinder Zeit hat und eine zusätzliche Haushaltshilfe (die nach ein paar Stunden wieder geht!) sind Komponenten, die mir sehr geholfen haben, meinen Kopf vom Alltagsgeschehen freizubekommen, um mich den Zauber, den ein neues Leben mit sich bringt, spüren zu lassen.

Wenn jemand nicht zwingend Wäsche waschen muss oder einer Person eine unordentliche Wohnung egal ist, dann geht das ganze Programm natürlich auch ohne Haushaltshilfe.

So oder so – hat man diese erste Zeit erst einmal gemeistert, ist ein gutes Fundament gelegt. Dennoch hat es unglaublichen Wert, eine sehr entspannte, dem Baby angepasste Lebensweise gleich im ersten Jahr nach der Geburt fortzusetzen.

Ich hatte das Glück, dass unsere Tochter – als drittes Kind – Ende Mai geboren war. Als ich also das Wochenbett verließ und zu meinen alltäglichen Haushaltstätigkeiten überging, hatten die großen Sommerferien bereits begonnen. Wir konnten unseren Familienalltag also ohne Wecker, Pausenbrote und sonstiges Zeitreglement fortführen. Das bescherte uns allen fünf eine wunderschöne erste Zeit des Kennenlernens und Zusammenseins, auch wenn mein Mann nach 14 Tagen Pflegeurlaub nun wieder im Job stand.

Selbst als dann für meinen ältesten Sohn im Herbst der Schulalltag losging, konnte ich mit den beiden Jüngeren einigermaßen „babyorientiert" weiterleben. Obwohl wir etwas „ab vom Schuss" leben, benutzte ich in dieser Zeit kaum das Auto und ersparte mir so, wann immer es ging, das übliche „Babyschale rein ins Auto – Babyschale raus". Im ersten Lebensjahr unserer Tochter vergingen Monate, in denen ich nicht einmal auftanken musste. Mein jüngerer Bruder zog mich in der Zeit gerne damit auf, dass ich nun mein Haus und den Garten wohl gar nie mehr verlassen würde. Doch Bemerkungen wie diese gingen beim Anblick meiner zufriedenen, glücklichen Kinder völlig an mir vorbei. Es war wirklich eine herrliche Zeit und wir hatten ein unglaublich entspanntes Baby. Aber auch mein bald dreijähriger Sohn verlebte einen sehr angenehmen Alltag mit uns zu Hause und war ein sehr stolzer und liebevoller großer Bruder.

Als ich dann etwa ein Jahr später meinen Sohn vom Kindergarten abholte, sah ich nicht selten Mütter, die sich schwitzend abhetzten, weil sie ihren Zweijährigen schon längst abholen hätten sollen, sie aber erst das Baby, das sie in der Babyschale mit sich schleppen, aus dem Mittagschlaf reißen mussten. „Du Arme – was tust du dir da an?" sind in der Regel meine ersten Gedanken, dicht gefolgt von der Überlegung, was sie eigentlich dazu veranlasst, diesen Stress auf sich zu nehmen. Würde sie den Zweijährigen auch zu Hause betreuen, hätte sie womöglich eine gemütliche Mittagspause und würde, während das Baby schläft, wertvolle Zeit für den großen Bruder haben.

Ist man zum ersten Mal Mutter und noch ohne Geschwisterkinder, dann will ich jede Mutter nur darin bestärken, dass sie der inneren Uhr des Kindes folgt. Wenn man das schafft, synchronisiert sich der Alltag des Kindes und jener der Mutter ohnehin recht bald. Zu bemerken, dass ein Fix-Termin zur Belastung wird und dass ein einziger Termin einen ganzen Tag zum Stressfaktor machen kann, gehört zu den Erfahrungen, die man als frischgebackene Mutter machen muss, wohl dazu. Wichtig ist, die Gewissheit zu haben, dass nichts daran verkehrt ist, sich dem üblichen Terminkanon unserer Gesellschaft zu entziehen. Das Baby hat damit bestimmt gar kein Problem.

Wenn man der Meinung ist, dass die Qualität einer Mutter darin gemessen wird, wie vielen Babyaktivitäten sie nachgeht, oder wenn man der Idee auf den Leim gegangen ist, dass es für das Kind irgendwelche Vorteile hätte, wenn es schon in seinem ersten Jahr vom Babyschwimmen in die Spielgruppe und von dort wieder zum Native-Speaking-Englisch-Kurs für die Allerkleinsten geschleppt wird, dann sollte man sich ehrlicherweise auch fragen, wie viele Male „an- und ausziehen", wie viel wechselnde Räume und Gesichter, welcher Vielzahl an Reizen sich das Baby dabei gegenüber sieht.

Gerade in Bezug auf das Thema „frühe Kindheit in der westlichen Gesellschaft" kann man von dem Leitsatz „weniger ist mehr" absolut Gebrauch machen. Ein Kind, das sich in seiner gewohnten, sicheren Umgebung entfalten darf und Stabilität sowie allem voran die Liebe seiner Eltern erfährt, entwickelt die beste Basis, um seine Umwelt zu entdecken und dazuzulernen.

Ich wundere mich immer wieder, welchen Stressfaktoren sich junge Mütter aussetzen. Dabei verschafft ihnen gerade das Baby Anlass und Notwendigkeit genug, um die Schnelllebigkeit unserer Zeit außen vor zu lassen.

Vielleicht sollte man sich einfach an den eigenen Erfahrungen aus Gesellschafts- oder Berufsleben orientieren. Wenn ich in einer neuen Gruppe ankomme, bin ich ganz automatisch zuerst einmal damit beschäftigt, alles wahrzunehmen und zu sondieren. Ich schaue mir die Umgebung an und versuche die anderen Menschen zumindest insofern einzuschätzen, ob sie mir positiv oder negativ gesinnt sind. Wir scannen mit unendlich vielen Wahrnehmungskanälen die neue Umgebung, um zu wissen, wo wir sind und mit wem wir es zu tun haben. Zusätzlich greifen wir im Gegensatz zu einem jungen Kind bereits auf einen unglaublichen Erfahrungsschatz zurück. Und der weit größere Teil der Eindrücke und uns umgebenden Dinge ist uns längst bekannt. Jedoch benötigen auch wir etwas Zeit, um in einer neuen Umgebung wirklich leistungsfähig zu sein. Niemand geht an seinem ersten Tag ins neue Büro, setzt sich an den Tisch und ruft seine Höchstleistung ab. Wir machen uns mit der Gesamtsituation vertraut und wenn wir uns einigermaßen orientieren können, sind wir auch im Stande, Energieeinheiten vom reinen Wahrnehmen und Herantasten abzuziehen und sie für Aktivität einzusetzen.

Das Baby ist ausreichend damit beschäftigt, sich mit der Kontrolle über seinen eigenen Körper und den Mechanismen dieses Lebens auseinanderzusetzen. Dazu müssen ohnehin das Treiben in seinen eigenen vier Wänden und die dazugehörigen Alltäglichkeiten wie Badewasser, Sonnenlicht, Wind, Pflanzen, Lautstärke ... erkundet und verarbeitet werden. Wenn es aber die Möglichkeit bekommt, wird es sich rasch in seinem Zuhause zurechtfinden und Stabilität und Sicherheit gewinnen. Diese Sicherheit wiederum öffnet die Tür zum Lernen und zum Drang, seine Umwelt mehr und mehr zu verstehen. Es ist kein Geheimnis, wie unglaublich schnell, effektiv und lustvoll junge Kinder lernen. Fühlen sie sich in einer Umgebung wohl, ist der Geist frei, um Neues zu entdecken, und eine Vielzahl von Lernprozessen setzt sich in Gang.

Meine persönliche Erfahrung ist daher, dass ein Kind, das seine ersten Lebensjahre in einer stabilen Gesamtsituation und mit mehrheitlicher Präsenz seiner Hauptbezugsperson in gewohnten Lebensbereichen erfahren darf, unglaublich viel Energieeinheiten zum Beobachten und Lernen frei hat. Das macht einen sichtbaren Unterschied aus.

Ich will niemandem zu nahetreten, aber es ist mir wirklich unverständlich, welche Überlegungen Mütter anstellen, wenn sie ihre Einjährigen um 15:00 Uhr aus der Krippe oder Kita abholen. Und dann der Meinung sind, sie täten ihnen etwas Gutes, wenn sie sie jetzt auch noch zum Baby-Englisch, in den Schwimmkurs oder sonst wohin schleppen. Was diese Kinder brauchen, ist Ruhe, kein Programm; und ihre Mama – sonst nichts. Möglicherweise ist der Nachwuchs dann mühsam oder quengelig – aber ist das nicht logisch? Sie müssen einen Tagesablauf verkraften, den selbst ein Erwachsener nicht so ohne Weiteres durchstehen würde. Zu Hause bei seiner Mama ohne Termine und Reizüberflutung hätte das Kind den Tag in seiner vertrauten, hoffentlich entspannten Umgebung verbracht.

Was ich damit sagen will: Ich halte es für einen Trugschluss, die Idee zu haben, seinem Baby oder auch Kleinkind möglichst viel Aktivitäten und Ortswechsel „zu bieten", um es auf die Welt entsprechend vorzubereiten. Ein Kind lernt alles, was es braucht, und entwickelt enormes Interesse an seiner

Umgebung, wenn es die Möglichkeit zur Entfaltung seiner ohnehin vorhandenen Fähigkeiten hat. Grundvoraussetzung für die Ausschöpfung des größtmöglichen Potenzials ist der eigene Allgemeinzustand. Je wohler sich ein Mensch fühlt, umso aktiver verwirklicht er seine Fähigkeiten. Ein Mensch, der verunsichert ist, welche Nanny ihn von der Kita holt, ob Mama dann noch Zeit für ihn hat und wieso jetzt eine fremde Betreuerin in der Sammelgruppe steht, kann mit großer Wahrscheinlichkeit nur einen Bruchteil seiner ihm innewohnenden Lernkapazität ausnutzen. Er ist zu beschäftigt, sich in der Umgebung Halt und Stabilität zu suchen.

Wenn sich die ersten Kinderjahre im Wesentlichen zwischen Haus, Garten, Wald und wenn nötig noch dem Spielplatz bewegen, ist das für meine Kinder immer mehr als ausreichend gewesen und für die ganze Familie sehr entschleunigend. Auch Müttern, die jüngere Geschwisterkinder zu betreuen haben, kann ich nur empfehlen, das gemeinsame Dasein und das Aufwachsen mit den Geschwistern als Gewinn und Chance wahrzunehmen. In unserer Familie sind innige Geschwisterbeziehungen mit viel Raum zum gemeinsamen Entdecken, Lachen und Lieben entstanden und große Eifersuchtsszenarien gänzlich ausgeblieben. (Und da bewundere ich meine Kinder selbst oft sehr, denn das Maß an Nachsicht, was gegenüber den Geschwistern manchmal gefordert ist, würde ich vielleicht nicht aufbringen.)

Gerade unsere Tochter hat ihr erstes Jahr tatsächlich hauptsächlich in unserem Haus und Garten verlebt und mich als vollstillende Mama so gut wie immer in ihrer Nähe gehabt. Ihr gut zwei Jahre älterer Bruder hat mit uns ihr erstes Jahr zu Hause in vollen Zügen genossen und konnte spielen und aufstehen, wann er wollte. Der größte Bruder wurde in ihrem ersten Lebensjahr zum Schulkind und verlebte so den Vormittag. Den

Nachmittag nutzte er intensiv, um mit seinem jüngeren Bruder zu spielen.

Dieser entspannte, gemeinsame, naturnahe Familienalltag bescherte uns erneut ein Kind, deren sprachliche und motorische Fähigkeiten weit über dem Altersdurchschnitt liegen. Und ob diese auffällige geistige und körperliche „Frühreife" unserer drei Kinder (die Kinderärzte wie Pädagogen zum Staunen brachte) wirklich nur rein erbliche Veranlagung sein soll, kann sich jeder selbst überlegen.

Meiner Ansicht nach bringt jedes Neugeborene eine große Menge Potenzial mit. Es liegt in erster Linie bei uns Eltern, wie viel das Kind davon entfalten können wird.

12. Das Wörtchen Nein

Wenn es ein Wort gibt, das es als Eltern in den ersten Lebensjahren gegenüber unseren Kindern möglichst zu vermeiden gilt, dann das Wörtchen „Nein"!

Um diese Behauptung besser nachvollziehen zu können, ist es vielleicht hilfreich, sich folgende Frage zu stellen: Wie wahrscheinlich ist es, dass ein Baby auf die Welt kommt, um uns zu ärgern, zu nerven oder zu schaden?

Ich habe viele Kinder beobachtet und meine Schlussfolgerung ist, dass ein Baby immer in guter Absicht zur Welt kommt, aber möglicherweise schnell auf das reagiert, was ihm hier widerfährt. Mitunter zeichnen sich sogar recht bald Verhaltensauffälligkeiten oder Unruhezustände ab, die auf Eingriffe, Verunsicherungen oder andere Problematiken während Schwangerschaft oder Geburt zurückzuführen sind. Grundsätzlich scheint es mir, als wäre die Motivation jedes Babys, uns auf irgendeine Weise Liebe zu schenken.

Meine absolute Überzeugung ist, dass unsere Kinder uns als ihre „Guides" (Fremdenführer) in diesem unbekannten Terrain „Leben" ausgewählt haben. Und dass ihre einzige Sicherheit die Liebe ist, die als magisches Band zwischen Eltern und Kind fungiert.

Ich behaupte nicht, dass Kinder nicht eine der größten Herausforderungen auf Erden sind, dass wir oft auf die Probe gestellt werden und nicht selten über unseren Schatten springen müssen. Ich selbst bin sehr an meinen Kindern gewachsen und nichts hat mich näher zu mir selbst geführt, mir aber auch immer wieder gezeigt, dass ich an und über meine persönlichen Grenzen gehen muss.

Es erfordert ganz bestimmt sehr viel Einfühlsamkeit, Geduld, Verständnis und vor allem Liebe, um sein Kind gut durch die ersten Jahre seines Lebens zu begleiten. Dennoch ist es eine Verantwortung, die wir im Grunde mit dem Moment der Zeugung übernehmen.

Zu dieser Verantwortung gehört das Öffnen oder Freihalten der Pfade, die das Kind beschreiten will, gleichermaßen wie das Nicht-Verschließen eben dieser. Genau hier liegt der Punkt, an dem man das Wörtchen „Nein" so sparsam wie möglich einsetzen sollte.

Es ist eine große Tugend, einem Kind zu gewähren und zu geben, was es braucht, wie auch ihm nicht zu nehmen, was es hat oder von sich aus mitbringt – und das ist sehr viel! Um das etwas zu verdeutlichen, führe ich vielleicht ein paar Beispiele an.

Ein „Nein" bei dem Versuch, im Krabbelalter die Treppen hochzuklettern, weil es dem Erwachsenen vielleicht zu riskant erscheint, zeigt dem Baby eine Negativhaltung zu seinem Drang, sich fortzubewegen. Viel sinnvoller ist es, sich über diesen Bewegungsmut zu freuen und wenn es notwendig ist, sich sichernd dazuzustellen.

Ein „Nein" bei der ersten Prise Sand, die in den Mund wandert, signalisiert, dass Babys Neugier am Kosten und Entdecken fehl am Platz scheint. Hier lohnt es sich sinnvoll zu entscheiden, was (eigentlich kaum) Schaden verursacht, wenn es in den Mund gelangt – auch wenn es dort eigentlich nicht hingehört – und was wirklich ein „Achtung!" oder ein „Moment!" bedarf. Natürlich möchte auch ich nicht, dass eins meiner Kinder versehentlich eine Tollkirsche oder einen Fliegenpilz „kostet", aber es ist eben meine Aufgabe, die Umgebung entsprechend sicher vorzubereiten bzw. zu überblicken. Und auch wenn man sich darauf nicht immer ganz verlassen kann, scheint es mir, als wüsste ein Kind, dem grundsätzlich viel zugetraut wird, intuitiv sehr oft, was ihm schadet und was nicht. Ich war mit meinen Kindern von Beginn an viel draußen – auch im Wald. Aber keines meiner Kinder wäre je auf die Idee gekommen, derartige gefahrvolle Dinge zu probieren. Zusätzlich ist es gerade im Wald so, dass sie gewisse motorische Fähigkeiten und somit ein gewisses Alter aufweisen müssen, um sich dort frei zu bewegen. Und dann kann man ihnen meistens schon verständlich machen, dass sie – bevor sie Blumen, Pilze oder Beeren pflücken – einfach zuerst herzeigen, was sie entdeckt haben. Auf einer Wiese insbesondere im Garten ist es für den Erwachsenen leicht überschaubar, keine Giftpflanzen in Erreichbarkeit der Kinder zu haben. Wenn man das Glück hat, einen Garten selbst anlegen zu dürfen, dann kann man ihn mit Naschhecken ausstatten und auf Goldregen, Kirschlorbeer und dergleichen einfach verzichten.

Ein schönes Beispiel, um die gelungene Selbsteinschätzung der Kinder zu demonstrieren, fand einmal direkt vor unserer Haustüre statt: Wir leben in einer kleinen Wohnsiedlung mitten im Wienerwald, die mit 30 km/h durchfahren werden darf. Unser Grundstück ist allerdings nicht durch einen vollumfänglichen Zaun begrenzt. Es ist jedoch nie dazu gekommen, dass eines unserer Kinder leichtsinnig auf die Straße spaziert wäre – auch wenn es das problemlos hätte tun können. Viel eher hat sich die Kompetenz abgezeichnet, dass sie sehr früh aufmerksam überprüft haben, ob sie die Straße betreten können.

Was Gefahr betrifft, muss der Erwachsene ein Gleichgewicht zwischen „davor bewahren" und „der Selbsteinschätzung des Kindes vertrauen" finden.

Unser Nachbar hat beispielsweise eine Hecke aus Kirschlorbeer (giftig) direkt an unserer Grundstücksgrenze angepflanzt. Bis zum Alter von etwa einem Jahr habe ich meine Kinder davon „ferngehalten" – einfach indem ich die Krabbeldecke in ausreichender Entfernung platziert habe. Wenn wir uns bei dieser Hecke aufhielten, musste ich mein Kind ohnehin meistens tragen, da dort das Gelände zu unwegsam für ein Krabbelkind ist. Im zweiten Lebensjahr, wenn das Kind so richtig mobil, aber auch sprachlich fortgeschrittener ist, habe ich dann das Kind bei der Annäherung an die Hecke beobachtet, und als ich bemerkte, dass es Interesse an den Beeren zeigt, konnte ich ihm erklären, dass diese dem Körper – „dem Bauch" (um es für Zweijährige verständlicher zu machen) – nicht guttun.

Es ist diese Balance zwischen „das Kind entdecken lassen", es beobachten, Risiken einzuschätzen und vernünftig zu agieren, die uns Eltern als Aufgabe gegeben wird.

Ich habe die Erfahrung gemacht, dass wir den Kindern eher zu viele als zu wenige Stopps und Neins geben. Es lohnt sich immer wieder einmal, selbst zu reflektieren, ob ein Eingriff in einer gewissen Situation überhaupt nötig ist. Erfahrungsgemäß sind wir Erwachsenen sehr geprägt von den Verhaltensregeln, die uns eingetrichtert wurden, und sind sehr bemüht, den vielen gesellschaftlichen Etiketten gerecht zu werden, obgleich nicht alle davon eine vernünftige Berechtigung finden.

In der Zeit meiner Jugend verdiente ich mir mein Taschengeld mit Babysitten. Ich war oft mehrere Tage in der Woche bei einer Familie mit vier Kindern eingesetzt. In dieser Familie durfte ich nicht nur selbst an Eigenkompetenz und Selbstwert dazugewinnen, sondern ich lernte viel über einen zwar vielleicht nicht „konventionellen", aber sehr „menschengerechten" Umgang mit Kindern.

Einmal traf sich diese Familie mit Freunden und Verwandten in ihrem Gartenhaus; da ich mittlerweile zum Familieninventar gehörte, war ich ebenso dort. Es wurde der Tisch auf der Terrasse gedeckt. Einige saßen bereits, andere rannten im Garten herum. Als die Mutter einen Krug mit Zitronen-Wasser hinstellte, erregten die darin schwimmenden Zitronenkerne umgehend die Aufmerksamkeit ihres zweijährigen Sohnes. Der Kleine zog den Krug zu sich, stellte sich auf die Sitzbank und machte sich daran, einen der Kerne zu erwischen. Wer selbst schon einmal versucht hat, einen Zitronenkern aus einer Flüssigkeit zu entfernen, weiß, welche feinmotorische Höchstleistung und Geduld dies selbst einem Erwachsenen abverlangt. Ich beobachtete die Szene und merkte, wie ich innerlich zusammenzuckte, als der Bursche mit seinen schmutzigen Fingern in den Krug langte, der eigentlich als Getränk für uns alle bereitgestellt wurde. „Nicht, so etwas tut man doch nicht", hätte ich schon beinahe gerufen, aber die Mutter erkannte die Lage viel schneller als einer von uns Gästen. Ihre Worte waren so beeindruckend, dass ich sie bis heute im Gedächtnis behalten habe: „Aha Luis, du willst die Zitronenkerne herausfischen. Gut, das ist in Ordnung. Ich borge dir den Krug." Das Kind löste sich kurz von seiner Angel-Tätigkeit und schaute die Mutter an. Sie sagte: „Ich hole jetzt einen anderen Krug mit Zitronenwasser, den wollen wir nur zum Trinken verwenden. Du bekommst diesen." Der Junge wandte sich wieder seinem Gefäß zu und fischte vertieft nach seinen Kernen. Tatsächlich fischte er sie alle heraus und war sehr, sehr lange damit beschäftigt, Kerne ins Wasser zu geben und wieder rauszubekommen. Irgendwann später erklärte sie ihm noch, warum es besser ist, nach einem eigenen Gefäß mit Zitronenwasser zu fragen, als mit den schmutzigen Händen in den Krug, der für alle gedacht ist, hineinzugreifen. Aber selbst mit dieser Erklärung wartete sie, bis der Besuch gegangen war (um den Buben nicht bloßzustellen).

Zudem hätte er davor wohl alle seine Aufmerksamkeitseinheiten beim Zitronenkern gehabt und hätte solch einer Erklärung gar nicht folgen können. Und sie erklärte es ihm gut und zwar auf eine Weise, der ein Zweijähriger folgen konnte. Sie kam dabei ohne Vorwurf aus. Sie sprach über Erde auf den Händen und Wasser mit Erde, und dass sie nicht sicher sei, ob jeder gerne Wasser mit Erde trinken wolle ... in der Art.

Dieser Verzicht auf Verbote oder Stopps, insbesondere in den ersten Jahren, soll aber in keinster Weise ein Freibrief für eine nachlässige Begleitung unserer Kinder sein, in der den Erwachsenen auf der Nase herumgetanzt werden darf. Oft bin ich wirklich entsetzt, wenn ich sehe, wie Altersgenossen meiner Söhne ihre Eltern respektlos, ohne jede Würde und Manieren wie Dienstboten herumkommandieren und ihnen alles erlaubt wird. Gerade im Umgang mit Kindern ist eine klare und respektvolle Haltung unglaublich wichtig. Das kann ich aus den vielen Erfahrungen, die ich bei der Arbeit mit Kindern in Schulen oder anderen Gruppen gemacht habe, nur verstärkt betonen. Aber Klarheit kommt ohne Zurückweisung aus, und wenn man sehr geübt ist, braucht sie nicht einmal einen strengen Unterton.

Es ist die Gabe zur Beobachtung, die uns darin schult, diesen feinen Unterschied zu erkennen. Wann helfen wir dem Kind mit einer klaren Linie, an der es sich orientieren kann, und wann ist es wichtig, unser Kind frei in seine Lernerfahrung eintauchen zu lassen? Trainiert unser Kind gerade seine Feinmotorik und seine Konzentrationsfähigkeit, weil es einen Zitronenkern aus dem Glas fischt oder schmeißt es wild mit Büchern durchs Wohnzimmer, weil es in der Spielgruppe vielleicht mit Bauklötzen beworfen wurde? Mal braucht das Kind Ruhe, ein anderes Mal hilft ein klares Wort oder einfach eine Umarmung, die ihm wieder Halt und Sicherheit gibt.

Das Wort „Nein" geht uns gerade im Umgang mit Kindern oft zu leicht von den Lippen. Wir benutzen es, um ein Risiko abzuwenden, aber auch wenn wir gerade einfach keine Geduld für etwas haben. Obwohl ich dieses Gebiet gründlich analysiert habe, laufe ich selbst unter Zeitdruck oder wenn ich gerade viel um die Ohren habe, immer wieder Gefahr, mal einfach schnell „Nein!" zu sagen, um meine Ruhe zu haben oder irgendeine Art weiterer Unordnung zu vermeiden. Doch es gehört auch zum Job als Mutter oder Vater, sich immer wieder selbst am Riemen zu reißen und zu hinterfragen, ob diese Situation nicht mit Geduld und einem Gespräch viel harmonischer zu lösen wäre, um am Ende womöglich sogar einen Lernerfolg verbuchen zu können. Die Neugierde junger Kinder ist tatsächlich grenzenlos. Wie viel können sie später erreichen, wenn sie sich einen großen Teil davon behalten dürfen, weil sie nicht mit jedem „Nein" in ihrem Drang nach persönlicher Entfaltung beschnitten worden sind.

13. Die Hose ist nass – oder das „Weinen nach unten"

Wenn man drei Kinder in verschiedenen Altersgruppen hat, ergibt sich eigentlich automatisch Kontakt zu einer ganzen Menge anderer Familien mit Kindern. Das wiederum bietet viel Gelegenheit, die Themen, die andere Familien bewegen, kennenzulernen, sie zu verstehen und vielleicht da und dort die Ursachen dafür genauer zu erforschen.

Dabei ist mir aufgefallen, dass insbesondere zwei Themen so eine gewisse Grauzone aufweisen und gerne nicht ganz wahrheitsgetreu nach außen getragen werden.

„Sauber werden" und „alleine schlafen" heißen diese Familienangelegenheiten, die Eltern zum Flunkern und Kinder manchmal an den Rand der Verzweiflung bringen, obwohl das meiner Ansicht nach alles gar nicht nötig wäre.

Sauber werden

Dass das zum Thema werden kann, war mir anfangs gar nicht bewusst: Im Sommer nach seinem zweiten Geburtstag entdeckte mein Sohn in vielen nackigen Gartenstunden die Freude am „zum Baum pinkeln". Nach einer kurzen Phase von weiteren zwei Monaten mit Topf und Schlafwindel war das Thema dann abgehakt. Wenn mein Kleiner mal musste, ging er aufs Klo, und – solange es die Jahreszeit erlaubte – mit Vorliebe zum Baum. In der Zeit, die zwischen dem Sauberwerden und der Gegenwart liegt, ist dann genau zweimal noch etwas in die Hose gegangen. Einmal in der Nacht nach seinem ersten Kindergartenschnuppertag. Das sagt schon einiges über die Anspannung aus, die Kinder in solchen Situationen durchleben. Dieses Experiment haben wir übrigens dann recht schnell abgebrochen und den Kindergartenstart um ein gutes Jahr verschoben. Das zweite Mal im Skiurlaub, weil er im Lift steckte. Das war alles, was ich „Nasses" zum Thema „sauber werden" bei unserem ersten Kind erlebte. Grundsätzlich bringe ich auch bei den anderen beiden das Sauberwerden mit keinerlei Schwierigkeiten in Verbindung. Spätestens mit gut zwei Jahren war das ohne Komplikationen erledigt und alle waren froh, die Windeln los zu sein.

Eine Anekdote aus dieser Zeit möchte ich hier aber gerne erzählen, weil es so anschaulich zeigt, was der Titel dieses Textes meint und ich selbst auch wieder einmal so unmittelbar im Leben lernen durfte:

Gerade als meine Tochter auf ihren zweiten Geburtstag zusteuerte, entschied ich mich für eine Montessori-Ausbildung, die ich am Wochenende besuchte. Die Betreuung der Kinder während meiner Kurszeit übernahm weitgehend mein Mann, aber zur Unterstützung kam auch zumindest an einem Tag meist noch eine der Omis dazu. Unsere Tochter hat bis heute eine wesentlich intensivere Bindung zu mir, als ihre Brüder sie je hatten, und hätte mich zu dieser Zeit am liebsten 24/7 um sich gehabt. Der Papa, zwei große Brüder und die Oma obendrauf waren aber ein recht ansehnliches Alternativprogramm und so marschierte ich freitags und samstags in meine Fortbildung. Zu Hause klappte alles recht gut, aber mir fiel auf, dass meiner Tochter, die sich eigentlich gerade von den Windeln verabschiedet hatte, meistens was daneben ging, wenn ich in der Ausbildung war. Ich wunderte mich ein wenig, weil das Thema eigentlich schon erledigt war und im normalen Familienalltag eigentlich wunderbar klappte. Ich glaube, es war die dritte Lektion meiner Ausbildung, als die dortige Dozentin Maria Montessoris Entdeckung vom „Weinen nach unten" erläuterte. Es sei das Ventil, das Kinder nutzen, um Stress oder andere Spannungen nach unten loszulassen. Natürlich ging mir ein Licht auf und ich verstand sofort, wovon sie sprach. Mir war klar, dass meine Tochter meine Abwesenheit so verarbeitete. In unserem Fall war das gar nicht weiter dramatisch, weil es wirklich nur bei ein paar Einzelfällen blieb und die Ausbildung auch bald nach dieser Lektion in die Sommerpause ging. Nach der Sommerpause war unsere Tochter um ein gutes Stück älter und auch die Omas mussten nicht mehr so häufig zur Betreuung kommen. Mein Mann entschied sich, lieber allein mit den Kids tolle Ausflüge zu machen. Das klappte wunderbar und die Hose blieb trocken. So ein bisschen durfte also auch ich sehen, dass unsere An- oder Abwesenheit einfach eine Wirkung auf unsere Kinder hat. Das sieht natürlich je nach Alter und Gemüt ganz unterschiedlich aus und muss nicht immer negativ besetzt sein. Bei der Auseinandersetzung mit vielen verschiedenen Familiensituationen sind mir aber durchaus Kinder mit ausgeprägten Formen des Bettnässens begegnet und es konnten eigentlich immer auch Spannungsfelder im Leben dieser Kinder entdeckt werden.

Ob es nun der Extremfall eines elfjährigen Trennungskindes war, dem das Bettnässen mittlerweile jede Übernachtungsparty und die Skiwoche vermieste oder einfach die vielen jungen Kinder, die noch im Alter von fünf Jahren an ihrer Nachtwindel festhielten, vielleicht einfach nur, weil sie ein wenig zu früh, zu lang im Kindergarten ausharren mussten. Ein signifikanter Teil der Kinder heutzutage hat einfach echt viel zu verarbeiten.

Auch sehr bemühte und liebende Eltern sind schnell dabei, ihr Kind bereits im Alter von einem Jahr zur Tagesmutter abzugeben, um etwas Zeit für sich zu gewinnen. Selbst wenn man mit „nur" drei bis vier Tagen Betreuung wöchentlich beginnt, das Kind um 9:00 Uhr bringt und nach der Mittagsruhe um 14:30 Uhr wieder abholt, ist man rasch bei über 20 Stunden Fremdbetreuung. Auch an uns Erwachsenen geht ein 20-Stunden-Job nicht spurlos vorüber. An einem jungen Kind erst recht nicht. Es sind 20 Stunden mit unendlich vielen Eindrücken, weil die Welt ja auch gerade erst entdeckt werden muss, außerhalb der Urvertrauenszone. Das alles muss dann erst einmal verarbeitet werden. Wird hier nicht wenigstens daheim für eine absolut terminfreie, harmonische Atmosphäre gesorgt (das gelingt uns allen ja meistens auch nicht wirklich), dann ist am Tag zu wenig Zeit zum Verarbeiten und Spannungen müssen sich zumindest auf der körperlichen Ebene in die Hose entladen.

Ich würde dem Thema Sauberwerden grundsätzlich erst einmal auf eine ganz natürliche, druckfreie Art begegnen. Der Sommer vor oder nach dem zweiten Geburtstag eignet sich oft gut, um die Freude am nackt herumlaufen und zum Baum (oder in den Topf) pinkeln zu entdecken. Wenn über das dritte oder vierte Lebensjahr hinaus Probleme im Zusammenhang mit diesem Thema auftreten oder es zur Anstrengung wird, lohnt es sich, die familiäre Situation zu reflektieren. Gibt es Stressfaktoren für das Kind? Gibt es etwas, dass dem Kind Anspannung oder Unsicherheiten verschafft? Hat es zu viel zu verarbeiten?

Das ist natürlich sehr individuell. Selbst bei meinen Kindern hat mein Sohn ein Alternativprogramm in der Betreuung (wenn jemand anderer statt mir mit ihm Zeit verbrachte) regelrecht genossen, meine Tochter hätte sich manchmal am liebsten an mich dran geklebt (was mir selbst wieder die neue Aufgabe stellte, mit meinem eigenen Raum umzugehen).

Ich kann aus meinen Beobachtungen nur sagen, dass gerade beim Bettnässen die Kinder auch etwas mehr zu verarbeiten hatten. Kinder, bei denen das Bettnässen bis ins Volksschulalter und darüber hinaus auftrat, hatten eigentlich meist auch mit emotional sehr aufreibenden Themen wie beispielsweise einer Trennung der Eltern zu kämpfen. Kinder, die ihre Schlafwindel gerade noch rechtzeitig vor Schulbeginn loswurden, haben eher eine frühe oder vielleicht zu intensive Fremdbetreuungshistorie gemein. Das heißt meistens: Beginn des Abgebens an die Tagesmutter oder den Kindergarten vor oder spätestens mit Vollendung des zweiten Lebensjahres und einer durchschnittlichen Betreuungszeit von rund sechs bis sieben Stunden täglich (z. B.: 09:00 bis 15:00). Liebe Eltern: Mit drei Jahren wöchentlich 30 Stunden nicht bei seinen Eltern zu sein, sondern in einer Gruppe, wo vielleicht noch bis zu 15 andere Kinder auch ihre Bedürfnisse und Emotionen äußern, das schafft kein Kind, ohne innerlich gestresst zu sein – übrigens auch kaum ein Erwachsener! Dennoch ist es mittlerweile ein gängiges Betreuungszeitmodell in den Kindergärten unserer Region.

Elterliche Trennungen sind noch härtere Brocken. Für Kinder zerbricht das Gerüst ihrer Sicherheit. Das sollte allen Eltern, die eine Trennung in Erwägung ziehen, klar sein. Das Kind wurde immer von einer Mutter und einem Vater gezeugt (egal, zu welch abstrusen Mitteln die Wissenschaft mittlerweile greift). Leben entsteht aus Mann und Frau. Also spürt auch das Kind seine beiden Elternteile in sich. Ihm diese Urverbundenheit zu nehmen, halte ich für einen schwerwiegenden Eingriff; dessen muss man sich bewusst sein. Wenn man das Kind also einer Trennung der Eltern oder von den Eltern aussetzt, dann muss man damit rechnen, dass es viel Arbeit gibt, um dem Kind wieder auf die Beine zu helfen und sein Urvertrauen zumindest in sich selbst wieder herzustellen. Es ist viel Kommunikation (immer nur altersgerecht in Wortwahl und Menge – man kann ein dreijähriges Kind nicht 50 Minuten lang zutexten) und noch mehr Liebe nötig, um dem Kind zurück zu sich selbst zu helfen – oft noch bis ins Erwachsenenalter.

Allein schlafen und durchschlafen

Ein Kind schläft gut, wenn es sich geborgen und sicher fühlt und gesund ist. Sollte das nicht der Fall sein, sind wir als Eltern ohnehin gefragt!

Ich kann nur einmal mehr betonen, dass das Schlafen in so gut wie jeder der ursprünglichen Kulturen unseres Planeten (und noch immer auf vielen Flecken dieser Erde) direkt mit oder neben und nicht abseits der Eltern stattfindet – oft über das Alter von zehn Jahren hinaus. Manche indonesische oder afrikanische Familie würde sich ganz schön wundern, wenn wir erklärten, dass wir unsere Kinder zum Schlafen in andere Räume schicken. Es ist unnatürlich, dass Kinder in ihren ersten Jahren nicht so nah an der Mutter schlafen, dass sie ihre Wärme und Nähe tatsächlich spüren können. Wenn ein Kind dann nach und nach lieber allein schlafen möchte, ist das in Ordnung – wenn nicht, aber auch. Wir Menschen brauchen grundsätzlich die Nähe und Liebe anderer Menschen, um gut gedeihen zu können. Es ist also meiner Meinung nach völlig sinnbefreit, wenn sich die Eltern damit duellieren, welches Kind früher im eigenen Bettchen schläft, denn es zeugt von einer guten Selbstwahrnehmung des Kindes, wenn es vor allem in den ersten Lebensjahren auf die Nähe seiner Eltern, gerade in der Nacht besteht – es ist ein Urinstinkt.

„Schläft euer Baby schon durch?", ist gleich die nächste Frage dieser Kategorie, die man sich einfach sparen könnte. Ein zufriedenes Stillbaby trinkt auch in der Nacht mehrmals, auch (oder sogar gerade), wenn es schon sechs Monate oder älter ist. Wenn das Stillen zwischen Mutter und Kind aber erst einmal gut eingespielt ist, dreht sich die Mutter, die ihr Kind ja hoffentlich bei sich im Bett liegen hat, fast im Schlaf zu ihrem Säugling und gibt ihm die Brust, sodass beide wieder gut weiterschlafen können. Ich habe unsere Tochter fast drei Jahre gestillt. Das heißt, sie hat bis dahin nicht gänzlich durchgeschlafen und das hat weder ihr noch mir geschadet. Wir waren morgens immer ausgeschlafen. In der Tat haben dann alle unsere drei Kinder die Nacht nach dem Ende der Stillzeit und einer kurzen Umgewöhnung vom Niederlegen bis zum Aufstehen im Traumland verbracht. Natürlich an Mama oder Papa gekuschelt.

Ich denke, das Wichtigste ist, dass man grundsätzlich ganz natürlich und locker an diese Themen herangeht und vor allem darauf achtet, dass es der Familie gut geht. Man sollte dabei nicht auf sich selbst vergessen. Eltern, die mit sich im Einklang und zufrieden sind, erschaffen harmonischere Familienstrukturen.

Gerade Themen wie die obigen lassen manchmal unsere innere Stimme, unser Bauchgefühl ganz intensiv werden. Es zieht doch bei ganz vielen unangenehm im Bauch, wenn wir unsere Zweijährigen die ersten Male in der Kita zurücklassen.

Und in Wahrheit fühlen wir uns selbst oft wohler, wenn unser kleiner Schatz direkt neben uns im Bett kuschelt und wir diese Stille bewundern können. Spürst du das auch?

14. (Über)Fördere mich nicht – das Wenige, was Kinder wirklich brauchen

Entgegen der gängigen Methode, ein Kind groß zu ziehen, indem man es von früh bis spät an Institutionen abgibt, die es „bilden", „unterhalten" bzw. zu einem funktionierenden und angesehenen Mitglied unserer Gesellschaft machen sollen, „reduziere" ich diese Ansprüche, wann immer es geht, auf den einen: glücklich sein. Oh ja, der Mensch kann glücklich sein und viel mehr noch kann ein Kind glücklich sein. Es braucht so gut wie nichts dazu. Jedenfalls nichts, das käuflich erworben oder von einer Institution geliefert werden muss.

Es lohnt sich sehr, auf die echten Bedürfnisse unserer Nachkommen einzugehen. Zu beobachten, was das Kind entspannt, was es zufrieden macht, wann und wie es eigenes Interesse entwickelt.

Als sich im Vorschulalter herausstellte, dass mein Sohn sehr vielseitig interessiert war, wurde ich von den Müttern rundherum gefragt, wie ich das hinbekomme und was ich mit ihm alles gemacht habe. Meine Antwort war: NICHTS.

Natürlich gründet dieses Nichts ebenso auf Arbeit, Mut und Analyse im Hintergrund. Jedoch im Vergleich zu dem Programm, das manche Eltern mit ihren Kindern täglich durchziehen, war unser Terminkalender verhältnismäßig leer. Oft beginnt so ein frühkindlicher Wochenplan neben alltäglicher

Kinderbetreuung schon bei den Jüngsten montags mit „Kindergarten - Englisch Kurs" und endet freitags mit „Tennis für die Kleinsten".

Meine Kinder haben erst frühestens im Alter von vier Jahren den Kindergarten regelmäßig besucht. Ich wollte ihnen einen durchreglementierten Vormittag, der nicht selten mit Aus-dem-Schlaf-Reißen beginnt und mit dem vierten oder fünften Mal An- und Ausziehen beim Abholen endet, nicht allzu früh zumuten. Unsere drei haben diesem Spektakel an maximal drei bis vier Wochentagen, (und dabei etwa für drei bis vier Stunden) beigewohnt - mal mit mehr, mal mit weniger Begeisterung. Dabei hat sich bei jedem Kind die Betreuungszeit immer wieder reduziert, weil die Kinder einfach lieber daheim waren und sie der Alltag im Kindergarten, so nett auch die Feste waren, doch irgendwie anstrengte.

Nach dem Kindergarten gab es zu Hause ein frisch gekochtes Mittagessen und ab dann war bis zum nächsten Fixpunkt Abendessen das Kind seiner Freiheit ausgesetzt. Wenn es hungrig war, kam es essen und wenn mein Sohn spielte, spielte er, bis er eben ausgespielt hatte. Wollte er aber einen Buchstaben kennenlernen oder etwas über Mammuts wissen, gab es dafür genauso Zeit und Raum. Diese „Freizeit" gab meinem Sohn die Möglichkeit, sich vielen Bereichen vertieft und in Ruhe zu widmen, Schritt für Schritt zu lernen und selbst zu bestimmen, wann die nächste Stufe erklommen wird.

Grundbedürfnisse wie Bewegung, Sicherheit, Essen, Rasten etc. konnten genauso wie ein Kuscheln mit Mama ohne großen Aufwand und jederzeit gestillt werden. Dieser Raum öffnet dem Kind (wahrscheinlich auch dem Erwachsenen, wenn er es könnte) die Möglichkeit im Moment zu sein und mit einer Fülle wahrzunehmen, zu lernen und sich zu interessieren, die eben glücklich macht.

Das also verstehe ich hier unter „Nichts", das gewissermaßen einen Gegensatz zu der mittlerweile gängigen Überladung mit Programmpunkten im kindlichen Tagesablauf bildet.

Meine Kinder waren grundsätzlich die (gesetzlich) geringstmögliche Zeit im Kindergarten, um ihnen den größtmöglichen Raum für ihre eigene Entfaltung, ihren eigenen Zeitablauf und ihre eigenen Bedürfnisse geben zu können. Heute würde ich diese Institution von vorneherein auslassen, sofern sich ein paar andere Kinder in der Nachbarschaft zum Spielen finden.

Schnell habe ich erkannt, dass jeder zusätzliche Termin am Nachmittag eher mit Enttäuschung und Stress als mit Vorfreude aufgenommen wurde. Ein Kind wird zufrieden und kommt zu Phasen innerer Ruhe oder Glück, wenn es in seinem Spiel und Tun einfach gelassen und nicht gestört oder gar herausgerissen wird.

Ein riesiger Vorteil war da natürlich unser Garten. Beim Spielen in der Natur kann das junge Kind fast all seine Bedürfnisse stillen und ein unglaublich erfüllendes, kreatives Tun findet dort seinen Platz. Manchmal kam es mir wie eine magische, andere Welt vor, wenn ich meinem Sohn in seiner Vertiefung beim Bauen und Graben zusah. In einer Wohnung, in der das Rausgehen eigentlich wieder zum Termin wird (wenn auch unbedingt nötig), wird das Gefühl der Freiheit bezüglich Raum und Zeit natürlich etwas minimiert. Es ist aber trotzdem möglich, insbesondere wenn man sich Zeit für lange Aufenthalte im nahe gelegenen Wald oder einem größeren Grünbereich nehmen kann.

Heute erinnert sich mein Sohn gerne zurück an seine Nachmittage vor der Schulzeit, ausgefüllt mit Tätigkeiten wie Staudamm bauen, Bäume klettern, Holzhütten zusammenhämmern, Lager behausen, Stöcke schnitzen oder Bobbahnen legen. An manchen Tagen wurde er dabei mit viel Freude von Nachbarskindern unterstützt, wenn sie gerade einen „freien Nachmittag" hatten. Natürlich standen auch Dinge wie Bücher anschauen, Geschichten erzählen oder Kochen immer wieder im Mittelpunkt unserer Nachmittage. Das Augenmerk liegt dabei einfach auf der frei zur Verfügung stehenden Zeit und dem bereitgestellten Raum.

Zusätzlich zu den fachlichen Anforderungen, die der Eintritt in die Schule an das Kind stellt (Lesen, Rechnen, Schreiben …), hatte sich mein Sohn über die Jahre seiner frühen Kindheit unzählige Fertigkeiten angeeignet. Allerlei Knoten binden oder Schnitzen beispielsweise hat er beim Spielen ganz von selbst erlernt. Ein Kind, das detailgenau Schnitzen kann und filigrane Grashalme miteinander verknüpft, hat übrigens kaum große Schwierigkeiten beim Erlernen einer Schrift, da die Feinmotorik auf diese Weise bereits ausgebildet wurde.

Erwähnenswert ist vielleicht noch, dass dann in der Schule neben den fachlichen Kompetenzen meines Sohnes auch seine sozialen Fähigkeiten immer wieder positiv hervorgehoben wurden, und das, obwohl er weitaus später, weitaus weniger sogenannten „sozialisierenden Einrichtungen" (Kindergarten) beigewohnt hat. Interessant, nicht wahr!

Ein Thema, das genaue Beobachtung und Analyse verdient. Wenn ein Mehr an Kindergarten auch besseres Sozialverhalten bedeuten würde, wären doch Dinge wie Konkurrenzkampf, Machtgier, Materialismus und Egoismus bei den heutigen jungen Erwachsenen (mittlerweile fast durchgehend „Kindergartengenerationen") am Aussterben, oder? Diese Entwicklung kann ich allerdings nicht beobachten. Mir kommt beinahe vor, diese Eigenschaften verstärken sich und im Gegensatz dazu gehen Tugenden wie Kameradschaftlichkeit, Miteinander, Bodenständigkeit, Hausverstand und Gemeinschaftsleben deutlich zurück. Aber jeder bilde sich seine eigene Meinung dazu ...

Manchen Menschen der älteren Generation hingegen sagt man auch heute noch einen bemerkenswerten Hausverstand, besonderen Weitblick und ein großes Herz nach – tatsächlich gab es in den Dörfern ihrer Kindheit oft noch gar keinen Kindergarten, dafür aber viel, viel Zeit zum Spielen in der Natur.

15. Vitalität des Kindes – Ernährung und Bewegung

Es gibt unzählige Bücher, selbst „Pyramiden" zu diesem Thema. Aber grundsätzlich gibt es nur zwei Dinge, die Eltern für die Körper-Vitalität ihrer Kinder im Auge behalten sollten: gesundes Essen (wenig raffinierten Zucker!) und genügend Bewegung.

Ernährung

Ich werde manchmal von Pädagogen, aber auch von unserer Kinderärztin, auf die hohe Vitalität meiner Kinder angesprochen. Ehrlich gesagt habe ich mir vorerst gar keine großen Gedanken über die Ernährung meiner Kinder gemacht. Da ich jedoch selbst ein Kind jener Generation bin, in der Vollkornbrot, Frischkornbrei und Co. aufkamen, ernährte ich mich bereits im Kindesalter relativ gesund und vielseitig. Und so halte ich es auch im Wesentlichen bei meinen Kindern. Ich halte nicht viel von Verboten, dafür umso mehr von Aufklärung und am allermeisten von – ja, so ist es leider – Vorbildwirkung!

Ich habe folgende Erfahrung gemacht: Liegt bei einem Kind ein „Essensproblem" vor (isst nur Nudeln, will immer naschen, verlangt nach Cola und Ähnlichem …), fällt der Apfel nicht sehr weit vom Stamm.

Ich weiß, dass allen Eltern die Gesundheit ihrer Kinder wichtig ist. Bestimmt denken sie nicht daran, dass auch ihr Kind nach

Schokolade und Co verlangt, wenn Mama heimlich nascht oder Papa ab und zu ein Cola trinkt, von den Energiedrinks ganz zu schweigen. Aber was Eltern tun, ist eben für die eigenen Kinder automatisch gut, daran führt kein Weg vorbei – auch nicht jener, auf dem man erklärt, dass es „eh nicht gut ist, aber Papa halt …"

Ähnlich verhält es sich mit den „Nudelessern": Irgendwann fiel mir auf, dass viele der Spielkameraden, die bei uns zu Gast waren, hauptsächlich Nudeln, und zwar ohne Sugo oder Beiwerk bevorzugen! Meine jüngste Tochter isst Nudeln nicht einmal besonders gerne, „leer" schon gar nicht – woher also diese Pasta-Affinität?

Als ich mit den betreffenden Familien über ihren Alltag ins Gespräch kam, ging mir ein Licht auf: Bei fast allen wurde nur am Wochenende richtig gekocht. Unter der Woche musste eine schnelle, warme Mahlzeit für die Kleinen her – und was geht da schneller als Nudeln, Fischstäbchen oder Chicken-Nuggets.

Es ist die Zeit, die Eltern fehlt, um ordentlich für sich – es kommt nämlich auch ihnen selbst zugute – und ihren Nachwuchs zu kochen. Und wenn Papa oder Mama so oft Nudeln offerieren, na, dann wird es doch wohl gut sein, denkt das Kind.

Abgesehen von der „Nudelfalle" und einer schlechten Vorbildwirkung habe ich häufig eine weitere Sache beobachtet, die dem Kind einen gesunden Zugang zu seiner Ernährung verwehren kann: Wir sprechen hier von einer Erfahrung, die das Kind oft weit früher in seiner Entwicklung macht und die – später – von allen unbemerkt ins Essverhalten übertragen wird.

Bestimmt haben alle Eltern einen Begriff davon, wenn ich das Wort „orale Phase" oder umgangssprachlich „das ewige in den Mund stecken" erwähne. Hier passiert ein höchst essenzieller und prägender Prozess. Es ist für Eltern eine der größten

Herausforderungen im ersten Kindesjahr, eine Balance zu finden zwischen dem Bedürfnis des Kindes, alles mit den oralen Wahrnehmungskanälen zu erkunden und dem Bannen der Gefahr, die unsere Umgebung manchmal in sich birgt. Der Sand aus dem Sandkasten, kleine Steinchen, alles würde unser Neuankömmling gerne mit dem Mund begutachten. In vielen Fällen spricht nichts dagegen, aber wenn es dann ein rostiger Nagel ist, der sich in einem Eck auf der Terrasse versteckt hat oder eine Nacktschnecke, wie ich es bei meinem eigenen Sohn erlebt habe, dann tut man gut daran, als Eltern angemessen zu handeln.

Und hier wären wir jetzt bei dem Punkt angelangt, der meiner Beobachtung nach erheblichen Einfluss auf das spätere Essverhalten nimmt: Haben nämlich Eltern die – sicher nur beschützend gemeinte – Gewohnheit, permanent „Pfui" oder „Bäh" und „nicht in den Mund" zu sagen, passiert es dann nicht selten, dass auch das Kind später seine ersten Karotten eben nicht mehr in den Mund nimmt.

Das ist vermutlich etwas überzeichnet. Aber ein ständiges „Bäh" – auch wenn es die Mutter ausstößt, weil sie die Meeresfrüchte auf Vaters Teller „nicht anschauen kann" – bleiben vom Kind tatsächlich nicht unbemerkt; dessen sollte man sich bewusst sein!

Ich versuche Wörter wie Bäh", „Igitt" und dergleichen in meiner Kommunikation rund ums Thema Essen wegzulassen und somit, so gut es geht, die Neugierde am Essen nicht zu gefährden.

Wenn man den Luxus eines Fleckchens Grün hat oder gar einen Garten, gibt es nichts Schöneres, als seine Sprösslinge in der warmen Jahreszeit mit einer Schüssel voll Beeren in die Wiese zu setzen – und los geht das Vergnügen!

Gelungene und gesunde Ernährung ist dabei gar nicht so schwer, wenn man dem Kind von Beginn an einen guten Zugang zu unseren Nahrungsmitteln erlaubt, seine Neugierde auch in Bezug auf Essen nicht unterdrückt und sich letztendlich Zeit für sich und seine Familie nimmt – gerade auch bei der täglichen Nahrungszubereitung.

Spätestens ab der Geburt unseres zweiten Kindes, als ich schön langsam ins Mama-Sein hineingewachsen war und der anfängliche Stress mehr und mehr der Freude an den Kindern und meinem Dasein als Mutter wich, wurde es für mich auch immer mehr zu einem echten Bedürfnis, die Familie gesund zu ernähren.

Für die Umsetzung dieses Impulses waren zwei Faktoren essenziell: Will man täglich eine frische, schmeckende, gehaltvolle Mahlzeit zaubern, wird man sich wohl oder übel die Zeit dafür nehmen müssen. Zeit. Eine Ressource, die man vor allem dann hat, wenn man sich auf seine Elternschaft einlassen kann und will. Zweitens sollte man sich über die Jahre einiges an Wissen bezüglich unserer Nahrungsmittel zulegen. So wird man immer besser darin, den Mahlzeiten Lebensmittel mit geeigneten Nährstoffen, Vitaminen, Mineralien etc. zuzugeben. Bis man schlussendlich einiges an Wissen über die Pflanzen und Wildkräuter um uns herum erlangt hat und einem bewusst wird, dass die wirklich wertvollen Lebensmittel in Fülle und kostenlos auf unseren Wegen, in den Wäldern und unseren Gärten wachsen und übrigens problemlos den meisten herkömmlichen Rezepten beizumengen sind.

Mit vielen natürlichen Zutaten, einem gesunden Essens-Rhythmus und der nötigen Zeit dazu hätte man bereits über die Ernährung eine nicht zu verachtende Gesundheitsvorsorge.

Bewegung

Neben der Ernährung sehe ich Bewegung als den zweiten wichtigen Faktor zum Beitrag einer intakten Vitalität. Auch hier muss dank des natürlichen Bewegungsdranges wenig Zusätzliches getan werden, außer diesen von Beginn an zuzulassen.

Zugegeben ist es anfangs die weniger bequeme Variante. Aber bei der Investition in ein Kind gilt immer, wer zuletzt lacht, lacht am besten. Viele Dinge erfordern nämlich einiges an Einsatz in den ersten Jahren, zahlen sich aber aus, wenn das Kind größer wird.

Was ich damit sagen will: Kinder „angenehm" oder „unauffällig" zu halten, mag eine Zeit lang gelingen, aber alles, was die freie Entfaltung behindert, wirkt sich erfahrungsgemäß irgendwann negativ aus.

Die Kunst im Zusammenleben mit Kindern ist immer, dem Kind eine Umwelt zu ermöglichen, in der es sich seiner Natur gemäß entwickeln kann. Bewegung ist ein fester Bestandteil davon.

Lass von Anfang an zu, dass dein Kind sich viel bewegen kann, wenn es das möchte. Für die Sicherheit aber ist der Erwachsene verantwortlich. So kann man sich beispielsweise sichernd hinter das Kind stellen, wenn es seinen ersten Kletterversuch auf das Sofa oder die Treppen wagt – aber man kann dem Kind diese Herausforderung gewähren.

Ein Baby ist leicht wegzutragen und in einen Kindersitz zu schnallen, drückt man ihm ein blinkendes Etwas in die Hand, ist es auch zu abgelenkt, um zu protestieren. Zehn Jahre später, wenn es auf dem „Jugendsitz" namens Sofa chillt und ebenfalls auf ein blinkendes Etwas starrt, in dem stundenlang YouTube läuft, protestiert es dann ganz vehement, wenn wir versuchen, dem Kind sein Smartphone wegzunehmen und es in den Garten schicken. Man muss sich bewusst darüber sein, dass man im Wesentlichen erntet, was man sät. Ein kleines Kind protestiert oft nicht sofort, dennoch kann man sich stets die Frage stellen: Möchte ich, dass so mit mir verfahren wird?

Ein gutes Beispiel dafür war eine unserer letzten Großfamilien-Weihnachtsfeiern: Wenn wir dort alle zusammenkommen, bewegen sich etwa zehn Kinder durchs Haus der Verwandten. Ein jüngerer Großneffe, er war gerade im „Krabbel-, Steh-, Ein-bisschen-Geh-Alter", hatte im dortigen Wohnzimmer eines dieser Gitterstangen-Quadrate für sich. Ich glaube, man nennt es „Gehschule" – man könnte auch Kindergefängnis dazu sagen, wenn man wollte.

Der Kleine stand da, umklammerte mit den Händen den Rand seiner Gitterstangen und schaute dem Treiben und den herumlaufenden anderen Kindern zu. Er war damit auch so beschäftigt, dass er nur fallweise protestierte. Wenn er lauteren Protest erhob, kam eines der Geschwisterkinder und machte „Kitzikitzi" und das half wieder für ein paar weitere Minuten. Irgendwann tat mir der Kerl so leid, dass ich die Mutter ansprach und fragte, wieso er da drinstecken müsse. Ihre Antwort: „Na, sonst müsst ich ja dauernd hinterher. Hier sind nirgends Steckdosensicherungen und es gibt eine Stiege." (Es war das Haus ihrer Eltern.) Ich nahm ihn dann für eine Weile raus und stellte mich bei Bedarf vor die Steckdosen – sodass er zwischen dem Kindergewusel auch etwas rumkrabbeln konnte.

Das ist genau das, was ich meine. In Notfällen ist es sicherer, ein Kind in so einen Gitterkäfig zu setzen, bevor es sich elektrisiert. Aber Eltern, die in Ruhe essen, tratschen oder Kaffee trinken wollen, sind kein Notfall.

Es stimmt: Bis zu einem gewissen Grad hat junge Elternschaft tatsächlich manchmal wenig mit geselliger Gemütlichkeit zu tun. Dafür habe ich Sonntage kennengelernt, an denen wir zu fünft malen, ein Buch lesen oder vor dem Kamin auf dem Fell liegen – das ist eine ganz andere, sehr erfüllende Art von Gemütlichkeit und Frieden.

Ein Kind sollte sich von Anfang an bewegen dürfen, und zwar in dem Ausmaß, in dem es seinen Bedürfnissen entspricht – also so viel es eben will. Gerade in den beiden ersten Lebensjahren ist der Erwachsene gefragt, um die verschiedenen Herausforderungen, denen sich der junge Mensch stellen möchte, entsprechend abzusichern. Dennoch gilt, dass einem Kleinkind durchaus etwas zuzutrauen ist und dass es in der Regel oft das Risiko selbst gut einschätzt, vor allem wenn es gesund und ausgeschlafen ist. Jeder aufmerksame Elternteil wird in der Regel beobachten können, dass sich sein Kind eher verletzt bzw. anfängt zu kränkeln, wenn es müde oder überlastet ist und ihm in der Regel weniger passiert, wenn der kleine Weltenentdecker gesund, munter und fröhlich ist.

Mit einem Baby oder Kleinkind, das beginnt sich zu bewegen, ist man als verantwortliche Person selbst ebenfalls in Bewegung. Insbesondere weil die Kinder der heutigen Zeit sehr oft an Orte mitgeschleppt werden, die eben nicht den geeigneten Rahmen bieten – und dann muss man als Erwachsener ran. Es sei denn, man hat sich beispielsweise zu Hause eine relativ sichere Umgebung organisiert und kann hier das Baby frei ausprobieren lassen – was sehr empfehlenswert ist. Es ist für Kind und Eltern anstrengend, sich andauernd innerhalb eines Quadratmeters gemeinsam zu bewegen.

Wiesen, ein Stückchen Wald, meist auch der Garten sind Plätze, an denen man sein Kind zwar im Auge behalten, aber es von einem guten Stück Entfernung aus beobachten und selbstständig bewegen und entdecken lassen kann.

Ob nun Bewegung oder Ernährung, einmal mehr hat sich für mich der Grundgedanke meiner Texte auch hier bewährt: Kinder bringen vieles mit, was sie brauchen, und haben in der Regel gesunde Urinstinkte. Kompliziert wird es, wenn sich das alles in unserer „modernen" Welt gesund entwickeln soll, weil vieles nicht mehr nach diesen Grundbedürfnissen organisiert und aufgebaut ist. Es ist die große Aufgabe, der wir Eltern uns stellen müssen: Die natürliche Entwicklung des Kindes in einer Gesellschaft wie der unseren möglichst unbeschadet möglich zu machen.

16. Exkurs in die Ernährung während Schwangerschaft und Stillzeit: Gut genährt ist jetzt besonders viel wert!

Wie schon im vorhergehenden Kapitel kurz erwähnt, macht es einen Unterschied wie und vor allem, was die werdende und auch stillende Mutter isst. Denn alles, was durch ihren Körper geht, landet früher oder später auch beim Baby.

Mit dem, was ich in den letzten Jahren zu diesem Thema dazulernen durfte, würde ich eine möglichst gesunde Ernährung auf jeden Fall schon vor der Schwangerschaft empfehlen. Für mich waren spätestens ab dem Zeitpunkt, als ich Kinder hatte, Bio-Lebensmittel selbstverständlich, auch wenn man dafür tiefer in die Tasche greifen muss. Meiner Ansicht nach zahlt sich eine Investition in unser Wohlbefinden immer langfristig aus. Ein gesunder Körper erspart nicht nur viele Unannehmlichkeiten und horrende Ausgaben (für Therapien, Medikamente etc.) – er ist auch ein guter Begleiter auf dem Weg in ein glückliches Leben.

Allerdings sind biologische Lebensmittel nur der Anfang. Wenn man beginnt, sich mit Ernährung und Gesundheit zu beschäftigen, öffnet sich das gesamte Repertoire der Wildkräuter und Wurzeln sowie die ganz speziellen Nährstoffe der im eigenen Garten wachsenden Kräuter, Früchte und Knollen.

Hier aber gibt es Menschen mit wirklichem Expertenwissen, die bereits tolle Bücher oder Videos dazu veröffentlicht haben. Mir ist wichtig, uns Müttern das Leben zu erleichtern oder gar den

Genuss der Mutterschaft entfachen zu können. Ernährung spielt dabei keine unwesentliche Rolle, daher kurz einige meiner „Do's und Dont´s" in der Schwangerschaft und Stillzeit:

Zwiebel und Lauch bleibt lang im Bauch

Eine der gängigsten Problematiken in Babys ersten Lebenswochen sind die sogenannten Winde oder Blähungen. Oft müssen die Kleinen hier stundenlang herumgetragen werden und von der Bauchmassage bis zum Baby-Bäuchlein-Öl scheint nichts so recht zu helfen. Irgendwann wird das ganze Szenario für Eltern und Baby zur Qual und scheint aussichtslos. Ist es aber im Normalfall nicht.

Natürlich gibt es Ausnahmen und jede Frau hat einen anderen Stoffwechsel. Ich habe dieses Thema bei uns gut hinbekommen. Es gehört nur ein bisschen Disziplin bei der Zutatenauswahl dazu, aber die ist angesichts der Stunden, die das Baby dann entspannt schlafen kann, anstatt zu weinen, wohl das geringere Übel. Irgendwie hatte ich das große Glück, dass sich bereits während der Schwangerschaft meine Sinne derart schäften, dass ich schon zu dieser Zeit eher Abstand zu frischer Zwiebel oder Knoblauch, Schnittlauch oder anderen Gewächsen der Lauchfamilie hielt. Trotzdem hatte ich vorerst keine Probleme, gekochte Speisen zu essen, die eines dieser Gemüse enthielten.

Als ich dann aber meinen Sohn stillte, bemerkte ich eine Zunahme der Blähungen nach Speisen dieser Art, selbst Suppen mit Zwiebel- oder Knoblauch-lastiger Suppenwürze wurden von meinem Baby schlecht vertragen. Ich aß einmal „falsch" und mein Mann lief stundenlang mit dem Kleinen bäuchlings über die Schulter gelegt auf und ab. Da dämmerte mir langsam, dass es da einen Zusammenhang geben musste, und ich ließ konsequent jegliche Speisen mit Lauchgewächsen komplett weg. In der österreichischen Küche fallen darunter viele Soßen, Suppen und dergleichen. Wenn man allerdings selbst kocht, ist das kein Problem: Man kann statt Zwiebel Stangensellerie zum Anrösten nehmen und statt Knoblauch eine Reihe anderer Gewürzmischungen oder Blütensalze. Ein Besuch im Restaurant ist in der ersten Stillzeit ohnehin nur bedingt zu empfehlen, dort werden Zwiebel und Knoblauch oft in rauen Mengen verwendet.

Diese Gewächse sind im Allgemeinen schwer und langsam verdaulich und werden deshalb beispielsweise in der ayurvedischen Küche nur zur äußeren Anwendung empfohlen, wo sie übrigens hervorragend als Virenfallen wirken. Eine jeweils frische halbe Zwiebel in Erkältungszeiten neben dem Bett soll ganze Bauernfamilien vor der Spanischen Grippe bewahrt haben, heißt es. Unterschreiben kann ich die geniale Wirkung der Zwiebel, wenn mein Kind einmal Ohrenschmerzen oder Ohrenentzündung hat. Die altbewährte warme Zwiebelsocke mit einem Stirnband ans Ohr gedrückt, wirkt oft in weniger als einer Stunde wahre Wunder.

Bestimmt haben auch Schnittlauch und andere dieser Gewächse tolle Eigenschaften, aber in Mama und Babys Bauch gehören sie anfangs vermutlich nicht unbedingt. Bestimmt reagiert jeder Körper – je nach Ursprung und Kultur – etwas anders. In meinem Fall fühlte ich mich mit dieser These jedoch endgültig bestätigt, als ich mit unserer Tochter zu den ersten Mutter-Kind-Pass Untersuchungen ging.

(Dazu muss man wissen, dass zwischen unserer Tochter und ihrem nächst-älteren Bruder etwa zweieinhalb Jahre liegen. Das heißt, ich war schwanger mit unserem zweiten Sohn, stillte ihn ca. 20 Monate, wurde wieder schwanger und stillte wieder. Mein Körper war also mehrere Jahre komplett stillfreundliche

Ernährung gewohnt. Keine Zwiebel und kein Knoblauch über Jahre hinweg.)

Als dann also unsere Tochter zur Welt kam, war sie nicht nur für uns ein Phänomen der Ruhe und Ausgeglichenheit, sondern auch die Kinderärztin beteuert, dass sie noch nie so einen entspannten, weichen Bauch bei einem Baby ertastet hätte. Bei der nächsten Untersuchung ein paar Wochen später hatte sie mit unserem Familienzuwachs gleich das nächste Aha-Erlebnis. Wie schon erwähnt blieb der übliche Gewichtsverlust in den ersten Wochen nach der Geburt aus. Das kann nur sein, wenn sich die Kleine überhaupt nicht anstrengte und auch kaum schreien musste, meinte die Ärztin. Und genau so war es auch. Sie weinte eigentlich so gut wie gar nicht und war so zufrieden, dass wir selbst als Eltern manchmal stutzig wurden – so kannten wir das von unseren anderen beiden Kindern auch noch nicht.

Ich bin mir sicher, dass diese Zufriedenheit mehrere Aspekte hatte, aber bestimmt hatte es auch etwas mit meiner Ernährung zu tun. Denn unsere Körper harmonierten perfekt. Und unter anderem hatte ich eben viel gehaltvolle Milch für sie, ohne ihr lästige Blähungen anzuhängen.

Auch anderes drückt im kleinen Bauch

Jeder bessere Stillratgeber macht darauf aufmerksam, das Dinge wie Kraut, Kohl, frisches Brot, Hefe (und ihre Unterprodukte: Pizza, Krapfen …), mitunter auch Mais und Hülsenfrüchte generell schwer verdaulich sind oder im Körper „aufgehen" und deshalb die Verdauung unserer Babys plagen. Auch Kohlensäure soll kein angenehmer Begleiter sein. Diese Dinge kann man bestimmt googeln. Allerdings hätte ich auf die wenigsten dieser Dinge Lust gehabt und wer tatsächlich noch einen unverdorbenen Gusto hat, orientiere sich am besten an eben dem. Sollte man einmal etwas essen, von dem man befürchtet, dass es nicht optimal für Babys Verdauung sein könnte, dann habe ich immer ganz viel von einem guten Stilltee oder direkt den Baby-Bäuchleintee (Kümmel, Anis, Fenchel) getrunken, um der Verdauung nachzuhelfen.

Woher kommt die Lust auf süß?

Nicht selten können stillende Mamis plötzlich ganze Schokoladetafeln vertilgen. Das ging auch mir nicht anders, obwohl ich unter normalen Umständen gar nicht so zu den großen Naschkatzen gehöre. In der Stillzeit hatte ich ständig Lust auf Süßes.

Für mich erklärt sich der große Gusto auf Süßes während dieser Zeit zum einen durch den erhöhten Energiebedarf, den wir in dieser Zeit abdecken müssen, wie auch durch die größere Menge an Nährstoffen, die unserem Körper in dieser Phase zugeführt werden sollten, da er sie für die Produktion der Muttermilch offensichtlich benötigt. Wenn der Körper, ein natürlich kalibriertes Instrument, nach Süßem verlangt, verlangt er vielleicht eigentlich nach reifen, süßen Früchten – denn hier kommt diese große Menge Zucker in natürlicher Form vor. Reife Früchte sind aber nicht nur süß, sondern haben auch jede Menge Vitamine und andere wichtige Nährstoffe. Offenbar etwas, das einem Hochleistungskörper wie dem einer stillenden Mutter gerade recht kommt.

Hier muss man selbst achtgeben, dass man dem Trick der Nahrungsmittelindustrie nicht in die Arme läuft, denn diese imitiert geschmacklich diesen starken Wunsch nach süß, reif, vollmundig und liefert aber leider keine Nährstoffe, sondern meist nur nährwertloses Zeug. Wenn man es also irgendwie schafft, seinen erhöhten Nährstoff- und Zuckerbedarf auf gesunde Weise mit natürlichen Lebensmitteln zu decken, tut man sich und seinem Kind auch in Bezug auf zukünftige Körperanlagen sicher etwas sehr, sehr Gutes. Ich habe aber auch etwas Zeit gebraucht, um von Schokolade auf Datteln umzusteigen (... und immer ist es mir auch nicht gelungen.).

Kaffee oder Tee?

Tee – hier meine ganz klare Antwort. Ich weiß, dass etliche Ärzte nicht unbedingt vom Kaffeekonsum während Schwangerschaft und Stillzeit abraten, obwohl sie es eigentlich besser wissen müssten.

Ich stütze mich auf das, was ich beobachtet habe, und das war nicht nur eine kaffeetrinkende Mutter, die sich bei mir über die schlechten Schlafgewohnheiten ihres Kindes beklagt hat. Übrigens, wenn ich sie zu mir auf ein selbst gemachtes Getreidegetränk einlud, kam es oft schon wenige Stunden danach zum Aha-Effekt: Endlich schlief das Baby einmal etwas länger.

Die Lust auf Kaffee verebbte mit meiner ersten Schwangerschaft und ich bin nie wieder zu einer Kaffeetante geworden, was ich herrlich finde. Abgesehen davon gibt es tolle Getreidekaffees und cremige Hafer-, Mandel- oder Sonst-was-Drinks, die man sich sehr lecker zubereiten kann.

Alkohol, Nikotin und andere Drogen

Nein – zu keiner Zeit! (Wahrscheinlich gibt es medizinische Ausnahmen.) Es kann immer zu einer schädlichen Wirkung für das Baby kommen und im schlimmsten Fall können die Auswirkungen verheerend sein und ein Menschenleben zerstören.

Zusammengefasst gilt also: So natürlich und gehaltvoll wie nur irgend möglich. Das ist die beste Ernährung, die man sich und seinem Baby geben kann. Dass der Apfel aus dem eigenen Garten, direkt vom Baum gegessen, uns mehr Nährstoffe gibt als der Apfel aus dem Supermarktregal, ist hoffentlich für jeden nachvollziehbar.

Wir Mütter können einen wichtigen Beitrag zur Gesundheit unserer Kinder leisten. Bereits während der Schwangerschaft und in der Stillzeit werden die Anlagen unserer nächsten Generation entwickelt. Einmal mehr haben wir Mütter Gelegenheit, auch auf körperlicher Ebene eine gesunde Basis für unsere Kinder zu legen – auch hier gestalten wir Zukunft.

17. Soziale Entwicklung: Kinder brauchen Kinder – und ihre Mama

Tatsächlich habe ich die Erfahrung gemacht, dass ebenso rasant und verkehrt wie unsere schnelle, reizüberflutete Welt abläuft, auch der gegenwärtige Umgang mit den Kindern unserer Gesellschaft ist.

Als Beispiel verwende ich hier ein Erlebnis, das vermutlich viele Eltern mit mir teilen können: Erinnern wir uns einmal daran, wenn wir das Neugeborene in den anfänglichen Tagen oder Wochen zum ersten oder zweiten Mal in ein angenehmes warmes Bad legen. Für meine drei Kinder war das offensichtlich ein riesiges Abenteuer. Sie rissen die Augen auf und atmeten aufgeregt, ehe sie anfingen, das flüssige Nass um sich – Tage später erst bei den nächsten Badegängen – zu erkunden. Die Worte meiner Hebamme hätten es besser nicht treffen können: „Ist das eine Aufregung! Später muss man mit euch in den Prater (Anmerkung: Rummelplatz in Wien) gehen, jetzt reicht eine Badewanne."

Bestimmt gibt es auch Babys, die dem Badespektakel in ihrer ersten Zeit weniger abgewinnen können. Aber ich meine doch, dass hier ein gutes Sinnbild zu beobachten ist, das uns feststellen lässt, wie fein und intensiv neue Gefühle und Veränderungen bereits oder gerade in diesem jungen Alter wahrgenommen werden und letztendlich auch verarbeitet werden müssen.

Aufzeigen möchte ich damit vor allem den Umstand, dass es relativ wenig braucht, um einen jungen Menschen in ein

„riesiges Abenteuer" zu stürzen. Und dieser Umstand ändert sich auch nicht so schnell, sodass es das viele Rundherum, das unsere schnelle Gesellschaft einem Kleinkind zumutet, rechtfertigen würde.

Wenn warmes Wasser zumindest so aufregend ist wie für uns Erwachsene eine Achterbahnfahrt, dann liegt es doch auf der Hand, dass Dinge wie Pflanzen oder Steine im besten Fall der eigene Garten fürs Erste durchaus ausreichende Reize bieten. (Ich behaupte sogar: Es ist für Babys noch weit spezieller, weil sie womöglich noch über viel mehr Sinneskanäle aufnehmen und verarbeiten als wir Großen.)

Ich konnte sehr gut beobachten, wie sich meine Kinder exakt an diesen „einfachen Sachen" erfreuen und begeistern konnten. Gepaart mit meinem „Für sie da sein" als Mutter schien das ein gelungener Mix für die ersten Lebensjahre unserer Kinder zu sein.

Ich hoffe, es gelingt mir hier ein wenig die „Größe der kleinen Dinge" hervorzuheben und den Fokus auf die wirklichen Bedürfnisse der Kinder zu lenken. Denn wenn ein Bewusstsein dafür entsteht, dass ein Einjähriger einen Tag mit Steinen, Sand und Mama vollkommen zufrieden und erfüllt verbringen kann, ist Basis für die Erkenntnis gelegt, wie viel Zuviel wir unserer neuen Generation zumuten.

Wenn Steine allein faszinieren können, dann ist der Alltag, den ein Kind, das institutionell betreut wird (Kita, Krippe, früher Kindergarten ...), eindeutig eine Reizüberflutung, die von kaum einem Kind, wie gut es auch betreut sein mag, auch nur ansatzweise – geschweige denn vollständig – verarbeitet werden kann.

Langes „Nicht-Sauber-Werden", Bettnässen bis hin zum chronischen Kränkeln sind die offensichtlichen Folgen.

Verhaltensweisen, die dadurch beeinträchtigt werden, treten oft erst viel später in Erscheinung und manifestieren sich im Verhalten des jungen Erwachsenen.

Eine alte Freundin, deren Kinder bereits erwachsen sind, meinte dazu: „In der Pubertät des Kindes bekommen die Eltern präsentiert, was sie früher verabsäumt haben."

Ein Kind, das frühzeitig in außerhäusliche Betreuungskonzepte einsteigt, muss eigentlich schon als sehr kleiner Mensch in die Welt der Erwachsenen eintauchen und mit völlig anderen Bedürfnissen umgehen als seinen eigenen. Das zwanghafte Aufstehen, die vorgegebenen Spiel- und Essensphasen, der eigentlich durchreglementierte Alltag, die sozialen Probleme der anderen Kinder (weil sie beispielsweise nach ihrer Mama weinen) – das alles ist bestenfalls Erwachsenenalltag und selbst für uns wäre es fast unerträglich, derart reglementiert zu werden. Man stelle sich vor: „Jetzt isst du! Jetzt arbeitest du! Jetzt bastelst du einen Stern! Jetzt hörst du zu, wie Oscar 20 Minuten lang schreit und tobt …" Wärst du gerne ein Kindergartenkind?

Lange galt in unseren Breiten die Regelung, dass ein Erwachsener in einem durchschnittlichen Job im Normalfall höchstens acht Stunden pro Tag am Arbeitsplatz verbringt. Direkt neben meinem ehemaligen Büro gibt es allerdings einen stark frequentierten Kindergarten, der mit Öffnungszeiten von 06:00 Uhr bis 17:30 Uhr wirbt. Da ist wohl die Höchststundenanzahl am Arbeitsplatz überschritten! Diese Kinder würden eine dicke Überstundenzahlung auf ihr Konto bekommen!

Unsere Jungs gingen frühestens mit etwa vier Jahren in den Kindergarten, und selbst dieses Alter war für unseren zweiten Sohn eigentlich noch zu früh. Mit unserer Tochter als drittes Kind habe ich dann gelernt, in welcher Ruhe ein Kind aufwächst, wenn der Kindergarten einfach wegfällt (damals

Lockdown-bedingt – da ihre Kindergartenzeit fast zur Gänze in die Zeit der staatlich vorgegebenen temporären Schließung von Betreuungsstätten fiel). Mittlerweile würde ich mir zutrauen, solche Institutionen ohnehin ganz wegzulassen, wenn es für das Kind ein paar gleichgesinnte Spielkameraden gäbe.

Ich weiß nicht, wie oft ich anderen Leuten zugehört habe, die eisern die Haltung verteidigt haben, dass Kinder schnellstmöglich „sozialisiert" werden sollten und sie deshalb ihre Kinder so früh wie möglich in Kinderbetreuungseinrichtungen geben würden. Bei weiterem Verlauf des Gesprächs kam meistens heraus, dass mit den Kindern zu Hause ja nichts mehr anzufangen sei, dass man nichts in Ruhe machen könne und dass man sie auch zum Einkaufen nicht mehr mitnehmen will. Tja, spätestens ab etwa zwei Jahren entdeckt das Kind seine Selbstbestimmung und testet, was alles möglich ist und wie weit ihm die Welt offensteht – das bedeutet je nach Setting einiges an Arbeit für die Eltern.

Auch mich haben manche Tage als unerfahrene Mutter an den Rand der Verzweiflung gebracht. Unser erster Sohn war ein sehr aktives Kind und seine Energie war für manche Orte wie ein Kaufhaus oder Café oft zu viel. Ich wusste anfangs nicht genau, wie ich damit umgehen sollte und wie ich seine Energie kanalisieren konnte. Ihm einfach zu sagen, was er tun oder lassen soll, war kein Weg, der funktionierte. Er hatte da seine eigenen Ideen dazu. (Gott sei Dank, wie ich heute finde!)

Dieser kleine Mensch hat mir stets angezeigt, wenn wir lieber in den Wald als ins Einkaufscenter gehen hätten sollen. Ich habe gelernt, dass ich mir die Kooperationsbereitschaft des Kindes erarbeiten muss. Vor allem hat er mir gezeigt, dass es sich lohnt, sich an den Kindern zu orientieren. Durch ihn wurde uns klar, dass ein Kind nicht in die Stadt gehört, dass es Geschwister und am besten einen Wald in Fußnähe haben sollte.

Und siehe da, mit dem Wechsel in eine kindgerechte Umgebung wurde alles schon ein Stück harmonischer. Der wirkliche Wendepunkt, der mich von einer gestressten, unsicheren jungen Frau zur „Löwenmama" machte, war allerdings meine Entscheidung, auch wirklich Mama zu sein – meine geplante Karriere zurückzulassen und meiner Berufung als Mutter zu folgen. Ab diesem Moment konnte ich meine Kinder als Lehrmeister sehen. Die Kooperationsbereitschaft stieg von da an auf beiden Seiten enorm und ich erkannte, dass Liebe der Schlüssel war – Liebe, die jetzt in mir wachsen und der ich Raum geben konnte, weil ich Zeit und Energie dafür hatte.

Ich denke, dass im Leben eines jungen Menschen beides eine sehr große Rolle spielt. Eine vertraute und gestärkte Bindung zu den Eltern und Kontakte zu anderen Menschen, die sich je nach Alter und Wesenscharakter entwickeln dürfen.

Ich selbst habe einen Sohn jener Sorte, die gefühlt weniger als eine halbe Minute brauchen, um am Spielplatz einen Freund zum Spielen zu finden. Und ich habe einen anderen Sohn, unser Mittlerer, der außer seinen Geschwistern scheinbar kaum jemanden braucht, um sozial erfüllt zu sein.

Unser Ältester war noch keine 20 Monate und schon im Stande, die Schaufel seines Freundes (der etwas schüchterner war) auf dem Spielplatz von einer Gruppe anderer Kinder zurückzufordern und damit die Situation zu klären. Genauso dachte er vorausschauend an seinen Freund, um ihm etwas mitzubringen, und hatte nie Probleme zu teilen. Ein Kind in so jungen Jahren ist seiner Entwicklung gemäß eigentlich eher auf sich konzentriert und ein „Momentdenker". Sowohl die Eigenschaft, sich für einen anderen verantwortlich zu fühlen, als auch ein „an den Freund im Voraus denken", sind eher untypisch und etablieren sich normalerweise erst in den darauffolgenden Lebensjahren. Wir erkannten hier schon früh eine Stärke bei ihm, die ihn bis heute zu einem starken und stets wichtigen Mitglied diverser Gruppen macht.

Ganz konträr dazu – vielleicht, weil er bereits als Geschwisterkind geboren wurde und die Notwendigkeit, neue Kinder kennenzulernen, sich eher in Grenzen hielt – mein zweiter Sohn. Er ist aufgeweckt und glücklich, wenn er sich in Sicherheit fühlt. Er braucht einiges an Zeit, um irgendwo anders Vertrauen zu fassen. Im Kindergarten begann er erst nach einigen Monaten die ersten Einladungen zu Geburtstagsfeiern anzunehmen. Davor musste ich den jeweiligen Eltern stets antworten: „Tut mir leid, unser Sohn möchte nicht kommen."

Er war deshalb kein Außenseiter, im Gegenteil: Seine zurückhaltende, besonnene und vernünftige Art ist nach wie vor für viele Kinder sehr ansprechend. Man kann sich bei ihm sicher sein, dass er niemals wild, laut oder ungestüm wird. Gerade einige der „Gruppenschlingel" hingen an ihm – vielleicht mehr, als ihm manchmal lieb war.

Kinder haben also auch, was die Sozialisation mit Gleichaltrigen betrifft, durchaus unterschiedliche Bedürfnisse. Trotzdem meine ich aber verallgemeinern zu können, dass durchschnittlich spätestens mit etwa zwei Jahren im Kind ein zunehmendes Grundbedürfnis nach Interaktion mit anderen Kindern entsteht.

Ganz gewiss ist dieser Kontakt zu anderen Altersgenossen sehr förderlich für eine gesunde soziale Entwicklung. Sofern die Beziehung zu dem Spielkameraden einigermaßen harmonisch abläuft. Das Spiel unter Kindern ist etwas, das vom Erwachsenen nicht zu ersetzen ist. Zusätzlich brauchen junge Menschen tatsächlich auch Raum, in dem sie sich ohne direkten Kontakt mit Erwachsenen entfalten können. Man sollte als Eltern ein

Gespür dafür entwickeln, wann man gefragt ist und wann es besser ist, sich zurückzuziehen und lediglich „around" zu sein.

Meine Tochter verbringt Stunden mit ihrer Nachbarsfreundin im Kinderzimmer – und sie wollen nicht gestört werden. Es entstehen intensive Spielphasen (und ein noch viel intensiveres Chaos) – aber es erfüllt die beiden ungemein. Kindern also die Freiheit zu lassen, sich von uns Erwachsenen zurückzuziehen und das im besten Fall mit Altersgenossen ist nicht nur legitim, sondern meines Erachtens durchaus notwendig. Aber wo steht geschrieben, dass dafür ein „Kindergarten" von Nöten ist?

Sozialisation findet nicht schneller oder besser statt, wenn die Hauptbezugsperson fehlt – sofern es sich um eine einigermaßen gesunde Beziehung zwischen Mutter/Vater und Kind handelt.

Wie viel Sicherheit beispielsweise eine intakte Mutter-Kind-Beziehung für ein Baby oder Kleinkind bedeutet, lässt sich erahnen, wenn man einmal versucht, die Welt aus deren Augen zu sehen.

Mit den Augen eines Babys – eine mögliche Interpretation: Nachdem sich die umgebende Welt – von einem Tag auf den anderen – von einer flüssig-warmen dunklen Blase in eine grelle, kalte und von Gegenständen verdichtete Realität um 360° gedreht hat, wird dem Säugling wohl schnell klar, dass – wie viel Energie auch in ihm steckt – mit diesem kleinen Körper vorerst nicht viel selbst zu bewerkstelligen ist. Bewegungen sind noch nicht kontrollierbar, und wo es auch hinmöchte, was auch immer es braucht: Erst muss es lernen, diesen ganzen Apparat zu kontrollieren. Und das wird noch Jahre dauern. Ein Baby weiß (in welcher Form auch immer) um seine Hilflosigkeit, was das Manövrieren in dieser dichten Umgebung angeht. Es wird spüren, dass da ein Körper zu versorgen ist, den es einstweilen noch nicht selbst versorgen kann. Doch trotzdem lächelt es oft zufrieden und schläft ruhig. Weil es weiß, dass da jemand ist, der ihm diese Hilfe gibt, der da ist, wenn das Baby ihn braucht. Es kann beobachtet werden, dass ein Baby, das sich der Unterstützung und Hilfe der Eltern sicher ist, weniger weint und ausgeglichener ist. Wenn die Bezugsperson bereit dafür ist, ihre Aufgabe als verantwortungsvoller, liebender „Guide" für diesen Menschen zu übernehmen, dann hat man in vielen Fällen ein ruhiges, zufriedenes Baby.

Es ist jemand da, der dich nährt, wenn du hungrig bist, der dich wärmt, der darauf achtet, dass der Körper in Ordnung bleibt – und zu alledem ein Gefühl beigibt, das dem Baby längst vor der Geburt vertraut war. Womöglich gibt dieses Gefühl dem kleinen Wesen noch mehr Sicherheit und Wohlgefühl als all die anderen Dinge zusammen. Denn es ist das, was es seit jeher kennt, das einzig vertraute in einer Welt, in der es sich ganz neu zurechtfinden muss: Es ist Liebe.

Vielleicht kann aus diesem Gesichtspunkt verstanden werden, wie viel das junge Kind „aufgeben" muss, wenn es – und sei es nur für ein paar Stunden am Tag – zu früh von seiner Bezugsperson, ich nenne sie Mutter, entfernt wird. (Wohl ist mir klar, dass vereinzelt auch andere die Bezugsperson Nr. 1 stellen können, ganz „Bio" betrachtet und deshalb der Natur entsprechend, ist die Mutter jedoch einfach am naheliegendsten – mir kam zu Ohren, dass eine alte Yoga-Weisheit besagt, dass Mutter und Kind bis etwa zum dritten Lebensjahr die gleiche Aura haben.)

18. Mein Büro – die Kita

Ich würde heute keinesfalls mehr allen Familien empfehlen, ihre Kinder automatisch, nur weil sie ein gewisses Alter erreicht haben, in Fremdbetreuungsstätten abzugeben. Wenn es sich für Eltern und Kinder gut machen lässt und ein einigermaßen harmonischer Umgang in der Familie möglich ist, erwartet Familien tatsächlich ein Stück vom großen Glück, wenn sie ihre Kinder selbst und etwas abseits vom täglichen Alltagsstress aufziehen.

Für manche Familien kann die Zeit im Kindergarten aber auch die bessere Alternative sein. Wenn dem so ist, sollten Eltern die Gelegenheit nutzen und sich das Alltagsleben im Gruppenraum selbst ein wenig vor Augen führen. In manchen Fällen ist es mir allerdings ein Rätsel, was Eltern dort wahrnehmen und was nicht.

Ich finde, dass man sich bei der Auswahl des Kindergartens mindestens einen Vormittag Zeit nehmen und dem Spektakel von frühmorgens an beiwohnen sollte. Viele Montessori-Kinderhäuser und andere private Projekte bieten oder wünschen ohnehin eine Hospitation durch die Eltern. Die ganze Sache aus der Perspektive zu betrachten, als würde man selbst nun täglich dorthin gehen müssen, halte ich dabei für sehr empfehlenswert.

Wenn es die Möglichkeit gibt – über Geschwisterkinder oder befreundete Kinder – sich schon im Vorhinein schrittweise mit der neuen Umgebung vertraut zu machen, so ist das ein noch größerer Vorteil. Einfach ein bekanntes Kind beim Bringen und Abholen zu begleiten, gibt dem eigenen Kind zumindest etwas Orientierung in seiner zukünftigen Tagesstätte. Auf diese Weise schwächt man auch einige der Faktoren ab, die dann auf das Kind an seinem neuen „Arbeitsplatz" einprasseln. So kann die Verarbeitung der vielen Reize langsam beginnen. Auch uns Erwachsenen geht es besser, je mehr wir beispielsweise über unser neues Büro wissen.

Nun, versuchen wir mal uns die ersten „ganz normalen" Kindergartentage aus der Sichtweise eines Kleinkindes anzusehen, wobei wir den größten und schwierigsten Aspekt, nämlich die Loslösung von Mama (oder Papa) fürs Erste außen vorlassen. Meist tritt von diesem Tage an eine fremde Person (die Pädagogin) plötzlich sehr nah ins Leben des jungen Menschen. Viele Kinder benötigen Zeit, um sich neuen Personen zu öffnen. Die Pädagogin weiß jedoch, dass sie diese Zeit meistens nicht zur Verfügung hat. Sie fühlt sich deshalb oft gezwungen, relativ rasch Bezug zu dem Kind aufzunehmen. Sensible Kinder nehmen wiederum genau diesen Druck wahr und es kann passieren, dass sie sich erst recht verschließen. Sehr passend finde ich in diesem Zusammenhang die Stelle aus dem Buch „Der kleine Prinz" von Antoine de Saint-Exupéry, an der ein Fuchs den Prinzen bittet, ihn zu zähmen. Viel Geduld, Zeit und eine sanfte Herangehensweise machen die beiden schließlich miteinander vertraut.

Wenn noch Windeln gewechselt werden müssen (was heute durchaus vorkommt, da viele Kinder bereits mit zwei Jahren oder früher den Kindergarten besuchen), dann ist das ein unglaublicher Eingriff in die Privatsphäre des Kindes. Wie vertraut müsste dir eine Person sein, um sie mit aufs Klo zu nehmen?

Da kommt also dein Kind zu dieser ungewöhnlich netten Frau – wir gehen davon aus, dass sie das ist, und dein Kind beginnt sich zu öffnen... Was passiert spätestens nach einer Viertelstunde? Andere Kinder brauchen genauso die Aufmerksamkeit dieser Person. Ist dein Kind kein Geschwisterkind, ist es das überhaupt nicht gewohnt. Mama, Papa oder die nette Nachbarin, alle haben bis jetzt dem Kind für eine adäquate Zeit ihre ungeteilte Aufmerksamkeit geschenkt, das ist jetzt nicht mehr möglich.

Hier eines unserer Eingewöhnungserlebnisse: Da unsere Tochter in der Gruppe noch keine anderen Kinder kannte, war ihre erste Bezugsperson, wie auch bei vielen anderen Kindern, die Pädagogin. Anfangs noch interessiert am Geschehen, beobachtete unsere Tochter vom Rockzipfel der Kindergärtnerin aus das bunte Treiben in der Gruppe. Die gute Frau war wirklich sehr bemüht um ihr Eingewöhnungskind und so entschied sie sich, ihr ein Buch vorzulesen – in der Ankommenszeit!

Ich glaube, sie konnte nicht eine einzige Seite ohne Unterbrechung lesen. Das eine Kind kam gerade zur Tür herein, das andere wollte schon Jause essen und ein Vater hatte eine organisatorische Frage. Es ist einfach kaum möglich, in einem Kindergarten nur einem Kind exklusiv ein Buch vorzulesen, schon gar nicht am Morgen, wenn ein Kind nach dem anderen zur Tür hereinkommt.

Unsere Tochter war jedenfalls enttäuscht von diesem Versuch. Zu Hause hatte Vorlesen immer mit Ruhe und Entspannung zu tun. In der Gruppe mussten beide erfahren, wie mühsam das Vorlesen und Zuhören durch die vielen Unterbrechungen ist, und das Buch wurde nach einigen wenigen Seiten weggelegt.

Die Aufmerksamkeit einer Bezugsperson zu teilen, ist eine der härtesten Nüsse, die auch Geschwisterkinder zu knacken haben. Aber da sind Mutterliebe, die Liebe zum eigenen Bruder oder der eigenen Schwester und die vertraute Umgebung als mildernde Umstände vorhanden. All das fällt im Kindergarten einfach weg – die Ausgangsposition ist also für beide Seiten deutlich schwieriger als zu Hause.

Hier sieht man bereits, dass sich schon die erste Komponente der Fremdbetreuung, nämlich die neue Bezugsperson, nur schwerlich und mit genügend Zeit solide aufbauen lässt. Dabei sind Kinder grundsätzlich viel offener und weniger voreingenommen als wir Erwachsenen. Sie geben der Pädagogin oft schneller Gelegenheit, sich mit ihnen vertraut zu machen. Andererseits stützen sich junge Kinder nicht wie wir Erwachsenen auf eine Sammlung aus Erlebnissen und Erfahrungen, die wir zur Analyse und Auswertung sozialer Strukturen heranziehen. Auch ihr Denken ist naturgemäß nicht vorausschauend. Wenn sich also die Pädagogin notgedrungen immer denjenigen widmet, die gerade am lautesten schreien, kann das zurückgelassene Kind das nicht unbedingt verstehen oder logisch analysieren. Wie soll es wissen, warum genau nun die nette Dame alle paar Minuten weggeht? Und wie soll es berechnen, dass sie wieder kommt, wenn Konrad damit aufgehört hat, Bausteine von Lilianes Turm wegzunehmen?

Wir würden an unserem ersten oder zweiten Arbeitstag Verständnis dafür aufbringen, wenn unsere „Bezugsperson" – also diejenige, die uns einschult, beispielsweise – ständig zum Telefon müsste. Aber höchstwahrscheinlich würde es selbst uns irgendwann gehörig auf die Nerven gehen.

Das war allerdings nur der erste der vielen, vielen Faktoren, die diese enorme Veränderung mit sich bringt. Geregelte Spielphasen, vorgegebenes kreatives Tun – es sollen ja alle Mamis ein Muttertagsgeschenk bekommen – sind auch Dinge, die für das Kind nicht selbstverständlich sind. Viele Kinder haben mit der allgemeinen Lautstärke und dem fehlenden Rückzugsort ein Problem. Dass meine Kinder im Kindergarten nicht wirklich entspannen konnten, habe ich vor allem daran bemerkt, dass sie dort kaum gegessen haben und niemals groß aufs Klo gegangen sind. Sobald sie allerdings daheim waren, sind sie fast immer sofort diesen beiden Bedürfnissen nachgegangen. Seit wir übrigens alle fünf unseren Lebensmittelpunkt zu Hause haben, erfreuen wir uns allesamt eines wunderbar regelmäßigen Stoffwechsels und Biorhythmus.

Ich finde es interessant, dass leider immer wieder eine gewisse Kluft entsteht zwischen den Werten, die wir als ideal sehen und theoretisch unseren Kindern vermitteln wollen, und jenen Werten, die wir ihnen tatsächlich vorleben bzw. den tatsächlichen Situationen, denen wir die Kinder aussetzen. Diesbezüglich hatten und haben auch mein Mann und ich immer wieder zu lernen und neu zu evaluieren.

Ich bin sicher, dass sehr viele Eltern mir beipflichten, wenn ich behaupte, dass der Aufbau einer gesunden Beziehung vielleicht seine Zeit braucht, dafür tiefgründig, profund und ehrlich ist. Dass man eine Person deshalb in sein Herz schließt, weil sie ehrliches Interesse, ungeteilte Aufmerksamkeit und im besten Fall aufrichtige Liebe entgegenbringt. Wie kann eine Pädagogin auf 20 Kinder so etwas abdecken? Dennoch folgen wir Menschen diesem Schema doch seit Jahrtausenden völlig intuitiv. Sicherheit, Ruhe, Liebe, Stabilität – lässt sich nicht jedes Streben letztendlich auf diese Bedürfnisse zurückführen?

Wieder hilft mir der Gedanke, mich in ein einfaches dörfliches Dasein zurückzuversetzen. Dort gibt es keinen Kindergarten und Kinder würden (gleich wie Erwachsene) zu jenen Menschen Bezug aufbauen, die sich ihr Vertrauen verdient haben. Und sie würden unbedarft und frei mit den Kindern ihres Alters spielen, lernen und entdecken.

Ich möchte unsere Gesellschaft nicht in urzeitliche Umstände zurückwünschen, viele Errungenschaften der modernen Welt machen insbesondere den Kindern ein entspanntes Aufwachsen überhaupt erst möglich. Eltern könnten sich ausgesprochen wenig um das geistige Wohl des Kindes kümmern, wenn jegliche Aufmerksamkeit auf die Nahrungsbeschaffung zurückfallen würde.

Doch ein bisschen Entschleunigung und etwas weniger Hamsterrad täte uns sicher allen gut. Ich finde, gerade die Mutterschaft ist eine hervorragende Chance, um zumindest für einige Zeit aus dem hart strukturierten System auszubrechen und dabei trotzdem unglaublich produktiv zu sein. Und zusätzlich – das ist nicht zu verachten – einen ausgesprochen wertvollen Beitrag für die Gemeinschaft zu leisten, wenn man seinen Job als Mama gut macht.

Es mag esoterisch klingen, aber ein glücklicheres Kind wird auch erfahrungsgemäß seltener krank. Ein Mensch, der in seinen ersten Lebensjahren ein hohes Maß an Behaglichkeit, Sicherheit und Stabilität erfahren durfte, ist beobachtbar stabiler. Beides spart einer Bevölkerung Kranken- und Sozialerhaltungskosten und birgt meiner Meinung nach ein unglaubliches Stabilitätspotenzial für zukünftige Staats- und Wirtschaftsstrukturen.

Auch unsere Kinder besuchten den Kindergarten – teils sogar mit Freude. Allerdings wurden die Betreuungszeiten und auch die Lust der Kinder, dort zu sein, immer geringer.

Das ausschlaggebende Element, das den Kindergarten für viele Kinder zu einem einigermaßen schönen Ort macht, ist natürlich hier auf andere Kinder treffen zu können. Kinder brauchen das Spiel mit Gleichaltrigen; manchmal noch mehr als einen Bissen Brot. Dass aber Kindergarten mit Sozialisation gleichzusetzen sein soll, dem möchte ich an dieser Stelle klar widersprechen. Alle meine Kinder besuchten den Kindergarten erst frühestens mit vier Jahren regelmäßig. Unser drittes Kind ging dort überhaupt nur wenige Monate hin und blieb dann ganz zu Hause. Allerdings werden alle drei Kinder von Pädagogen stets als herausragend reif und sozialkompetent eingestuft.

Je älter Kinder werden, umso wichtiger werden Sozialkontakte zu anderen Kindern. Schon mit etwa zwei Jahren ist es für viele Kinder von Vorteil, wenn sie andere zum Spielen haben. Die Magie, die im wirklichen Spiel zwischen Kindern entstehen kann, kann kein Erwachsener ersetzen. Und auch eine Singgruppe oder das Mutter-Kind-Turnen, obwohl sie andere Fähigkeiten sehr unterstützen, bieten nicht unbedingt den geeigneten Raum dafür. Es braucht tatsächlich die Möglichkeit und die Zeit zum vertiefenden Spiel – idealerweise irgendeine Form von Rollenspiel oder gemeinsames kreatives Schaffen. Vielleicht erinnerst du dich selbst an deine Kindheit und die Erfüllung, die dieser Art zu Spielen innewohnte.

Der Kindergarten könnte, wenn auch in immer eingeschränkteren Zeitfenstern, heute noch diese Möglichkeit bieten. Die Kombination aus gemeinsamem Lernen und Gelegenheiten zum vertiefenden Spiel ist auch der Grund, weshalb diese Institution noch immer als mehrheitlich positiv eingestuft wird. Trotzdem möchte ich betonen, dass es die kindgerechteste aller Optionen wäre, Kinder ihren Alltag zu Hause erleben zu lassen – sofern man nicht die Einzige in der näheren Umgebung ist, die ihre Kinder zu Hause betreut, sondern mehrere Kinder rundherum wohnen und im Idealfall sogar ein Garten verfügbar ist.

Man stelle sich einen Alltag vor, in dem zumindest für das Kind (vielleicht auch für die Mutter oder den Rest der Familie) kein

Wecker klingelt. Das Kind schläft sich täglich gut aus und lebt seinen Rhythmus, indem es eigene Spielphasen entwickelt und essen kann, wenn es Hunger hat.

Nach dem Frühstück klettert der kleine Entdecker über den Zaun in den Nachbarsgarten, wo bereits ein anderes Kind wartet, um das Lager aus Moos von gestern fertig zu bauen. Nach einer Zeit lockt die Idee, dort ein Picknick zu veranstalten. Das Kind läuft samt Spielgefährten wieder nach Hause, um den Korb zu füllen, und so geht es munter weiter… Ist mal eine Ruhepause gewünscht, zieht sich jedes Kind automatisch in sein Haus zu Mama zurück, stärkt sich, spielt allein, bis wieder Bedarf entsteht, seine Ideen mit den Nachbarskindern zu teilen.

Mit Recht füllt diese Art, die Kindheit zu verleben, die Weltliteratur und nicht umsonst bekommen wir alle so ein sentimentalfreudiges Ziehen im Bauch, wenn wir an die Art zu leben denken, während wir Bücher von Astrid Lindgren lesen.

Die Frage ist nur, warum haben wir uns dermaßen davon entfernt?

In unserer Region besucht das durchschnittliche Kind bereits spätestens mit Vollendung des zweiten Lebensjahres die Kindertagesstätte und verbringt dort zwischen sieben und neun Stunden täglich, das sind 35 bis 45 Stunden wöchentlich. Es ist nicht selten mehr, als ein durchschnittlicher Erwachsener in der Arbeit ist – und das empfinden wir Großen schon als anstrengend. Wenn dann die wenige Freizeit noch für organisierte Aktivitäten wie Turnen, Tanzen oder „First English" verplant ist … Wo ist dann noch Platz für Kindheit?

19. Was Mama tut, ist gut

Die meisten Kinder werden mittlerweile im Kindergarten eingewöhnt, bevor sie das dritte Lebensjahr vollendet haben.

In diesem Alter ist nicht nur die Neugierde unglaublich groß – von der Natur wahrscheinlich so vorgesehen, um den kleinen Menschen, der sich jetzt bewegen kann, mit seiner Umgebung vertraut zu machen. Auch die Unbefangenheit und das Urvertrauen sind bei ganz jungen Kindern üblicherweise grenzenlos, insbesondere, wenn sie in der bis jetzt verlebten Zeit nicht grob enttäuscht wurden.

Nun schlägt Mama also vor, mit ihrem schönsten Lächeln im Gesicht, dass nächste Woche etwas ganz Tolles am Programm steht. Etwas, das verspricht, mindestens so toll zu sein wie ein Besuch im Zoo oder bei Oma; und dieses Zauberding heißt Kindergarten! Sie hält einen tollen neuen Rucksack in der Hand, der „Bling-Bling" macht oder irgendetwas in der Richtung. Damit nicht genug: Der große Bub aus der Nachbarschaft, der so cool mit seinem Roller herumbraust, geht auch in dieses Zauberspektakel.

Und so erzählt der Sprössling Oma und Tanten und der netten Dame an der Kasse vom Supermarkt, dass er morgen in den Kindergarten geht – und alle tun wieder unglaublich erfreut. Mann, muss das ein Ding sein!

Und wenn Mama das sagt, dann ist das so (vergesst das nicht!)!

Dieses Kind stapft also am nächsten Morgen voller Erwartung in das Zauberding. Und wenn zu Hause wirklich akribisch gearbeitet wurde, dann ist er so voll mit „toll", dass er in den ersten Tagen gar nicht gestört ist davon, dass neben ihm Kinder nach der Mama brüllen, dass er 20 Minuten im Ski-Anzug in der Garderobe wartet, bis das letzte Kind dann auch am Miniklo war, und sie endlich nach draußen marschieren, bevor sie eine halbe Stunde später wieder hineingehen, weil es ja seine Zeit dauert, bis alle wieder fürs Mittagessen bereit sind ... Und so weiter, den ganzen Tag.

In den ersten Tagen oder Wochen nimmt so ein junger Mensch vieles unbeschwert auf sich, denn seine Aufmerksamkeit liegt da, wo Mama sie hingegeben hat – und zwar auf dem unglaublich „Tollem". Und das wird wohl jeden Augenblick bei der Tür hereinrollen – vielleicht auf einem schnellen Roller oder so.

Es dauert im Höchstfall kaum länger als zwei Wochen, bis das Kind kapiert, dass es da nichts anderes gibt: laute Kinder, weinende Kinder, spielende Kinder, Jause essen, Farbe irgendwo drauf klecksen, ein Buch vorlesen (bei dem viel öfter unterbrochen wird, als wenn Mama es liest), anziehen und rausgehen, ausziehen und reingehen usw. – und zum vielleicht ersten Mal vermindert sich das (Ur-) Vertrauen des Kindes zur Mutter. Zum ersten Mal ist etwas vielleicht doch nicht so toll, wie Mama es gesagt hat. Hat sie sich etwa geirrt?

„Nach den ersten zwei Wochen im Kindergarten werden die meisten Kinder krank", habe ich das Betreuungspersonal sagen hören. Die Bakterien im Kindergarten seien dafür verantwortlich.

Tatsächlich hat mir eine Kindergartenleitung beim Informationsgespräch ganz selbstverständlich mitgeteilt: „Ja, da könnte Ihr Sohn dann bei uns in der Gruppe beginnen – wir haben zwar schon einige Kinder zur Eingewöhnung, aber die werden jetzt demnächst ohnehin einmal krank ... und dann wird es etwas ruhiger." Scheinbar gehört das Krankwerden der Eingewöhnungskinder im Kindergarten zur „Berufserfahrung".

Zugegeben, der Kindergarten ist mikrobiologisch betrachtet tatsächlich eine Brutstation für alles, was unseren Körper angreift. Bedenkt man, dass der Mensch vorwiegend im Freien und in Kleingruppen unterwegs wäre, würde er entsprechend unserer Evolution naturnahe aufwachsen. So wie ich es in den Dörfern Costa Ricas noch erleben durfte.

20 Kinder über Stunden auf beheizten, zugestellten 150 Quadratmetern zusammenzuhalten – mit kaum ausreichend Frischluft – ist möglicherweise genau so wenig „artgerecht" wie einige der Tierhaltungen, über die wir uns so beschweren und deretwegen wir „Bio" einkaufen.

Nachdem ich aber beobachtet habe, dass die jüngeren Geschwister der Kindergartenkinder, solange sie noch zu Hause betreut werden, sich als relativ resistent erweisen (obwohl sie ja durch ihre Geschwister zweifellos mit denselben Keimen in Kontakt kommen), läuft mein Verdacht vielmehr darauf hinaus, dass es das Signal von „Es geht mir hier nicht gut, ich brauche Ruhe und Frieden!" sein könnte, dass sich nicht selten nach den ersten Wochen einstellt und wir Eltern dann erkennen dürfen.

Es gibt also Kinder, die in den ersten Tagen neugierig darauf warten, was dieser Ort Tolles zu bieten hat, weil ihnen jemand so viel Wunderbares darüber erzählt hat und natürlich, weil sie „groß" sein wollen. Wenn sie dann ernüchtert feststellen, dass es hier gar nicht so „mega" ist, dann liegt es an den Eltern zu erkennen, wie es dem Kind eigentlich wirklich geht. Nicht selten gehen Kinder nämlich dazu über, alles einigermaßen hinzunehmen, um die eigenen Eltern, die das alles ja so toll finden, nicht zu enttäuschen. Am allgemeinen Gemüt oder speziellen Reaktionen sollten wir Eltern aber beobachten können, wie es in den Herzen unserer Kinder aussieht.

Da fällt mir übrigens die Geschichte eines Jungen ein, der mit 2,5 Jahren ohne Auffälligkeiten in den Kindergarten spazierte. Alle Erwachsenen waren natürlich superstolz auf den selbstbewussten Racker. (Begünstigenderweise hatte er aber auch ein Geschwisterkind in der Gruppe.) Siehe da, nach den Ferien, als er knapp drei Jahre alt war, war es vorbei mit der Glückseligkeit. Der Kleine pinkelte sich mehrmals pro Tag an und machte Erziehern und Eltern das Leben schwer.

Ältere Kinder, etwa ab drei Jahren, revoltieren nämlich nicht selten. Da sie sich schon besser wahrnehmen und deutlicher anzeigen, wenn etwas nicht stimmt. Die Kinderpsychologie nannte das einmal „Trotzphase", um es irgendwie zu kategorisieren. Ich persönlich halte von diesen „Phasen"-Kategorisierungen recht wenig. Es mag sein, dass für das Erlangen bestimmter Fähigkeiten, bestimmte Zeitfenster in der menschlichen Entwicklung besonders günstig sind, aber was Negativ-Gefühle wie beispielsweise Trotz anbelangt, sollte man als verantwortungsvolle Eltern wohl einfach herausfinden, wo das Problem liegt, anstatt eine Emotion des Kindes mit „Trotzphase" abzutun.

Dann gibt es aber auch jene Kinder, die ganz deutlich unter Schreien und Flehen anzeigen, dass sie nicht zurückgelassen werden wollen. Diese Eltern suchen nicht selten auf Anraten der Pädagogen, relativ rasch das Weite, um aus dem Sichtfeld der Kinder zu sein. In solchen Fällen frage ich mich immer: Was tut ihr euch alle hier an? Diese Situation ist für Kind, Eltern und Personal eigentlich entsetzlich und kann großen Schaden verursachen. Wie soll ein Kind hier seine Würde wahren? Es ist offensichtlich, dass es nicht ernst genommen wird. Hier denke ich, wäre es hilfreich, sich – wie immer mein Tipp in derartigen Situationen – vor Augen zu halten: „Würde ich auch einen anderen Erwachsenen so behandeln, meinen Mann, meine Arbeitskollegin ...?"- ihn an einem Ort zurücklassen, wo er unmissverständlich nicht sein will?

Die glückliche Ausnahme unter den Kindergarten-Startern sind einige wenige, denen der liebe Gott oder sonst jemand, ein Geschwisterkind oder eine allerbeste Freundin in die Gruppe gesetzt hat – und für die sich relativ schnell die Gelegenheit bietet, dieses System zum eigenen Vorteil zu nutzen und einfach im Spiel zu versinken.

Interessant auch der Kindergarten-Start unserer Tochter – da ihr Weg eine Mischung aus mehreren Phänomenen war. (Was wiederum zeigt, dass sich nichts vollkommen kategorisieren lässt.)

Begonnen hat das Kindergarten-Thema eigentlich mit meinem eigenen Konflikt. Da ich bei unserer jüngsten Tochter das erste Mal in der Situation war, nicht demnächst wieder Nachwuchs zu erwarten, stellte sich irgendwo im Hinterkopf die Frage, wie es denn mit dem Kindergarten-Thema so zu planen sei.

Dazu kam, dass ich doch nach mittlerweile zehn Jahren als Vollzeitmama schön langsam Überlegungen in Richtung Zukunft anstellen sollte? Eigentlich liebe ich, was ich mache. Mutter meiner Kinder zu sein, ist mein absoluter Traumjob. Kombiniert mit der Freude am Schreiben und Weitergeben meiner Erfahrungen – auf dass sie irgendjemandes Dasein erleichtern mögen – ist das meine eigentliche „Traumkarriere". Dennoch sollte ich doch wohl oder übel erst mal mein – vor den Kindern begonnenes – Lehramtstudium abschließen, um zwar dort nicht unbedingt Brauchbares zu lernen, aber eine sichere Einkommensquelle im Falle des Falles zu haben, nicht wahr?

So kam es also gelegen, dass neben der Vorschulgruppe meines Sohnes eine neue Kindergartengruppe mit recht netter Pädagogin zu finden war. Ich hatte zumindest so viel pädagogisches Know-how, dass ich unserer Tochter die Kindergarten-Werbung und das Bling-Bling ersparte. Nach einer gemeinsamen Besprechung schickte ich unsere Kleine in ihren ersten Kindergartentag. Das pädagogische Team staunte nicht schlecht, als sie zuerst einmal Geschenke verteilte, die sie vor lauter Vorfreude für ihre Betreuerin gebastelt hatte, mich gleich darauf anwies zu gehen und mit ihren neuen Patschen (ein bisschen Bling-Bling blieb dann doch nicht aus – sie läuft zu Haus immer nur barfuß) in die Gruppe spazierte.

Die Freude hielt etwa bis zum dritten Tag – dann bat sie mich, in der Garderobe zu warten. In der Woche darauf sollte ich mit in die Gruppe. Und danach wollte sie eigentlich doch lieber wieder zu Hause bleiben. Um ihr das Thema Konsequenz für getätigte Entscheidungen näherzubringen, war der Kompromiss, dass sie dann noch in den nächsten Wochen an einigen Tagen den Kindergarten besuchen sollte – das aber immer weniger erfreut. Häufig bekam ich von ihr zu hören, dass es im Kindergarten so laut sei, dass Paul immer weint und die Kinder wild sind. Ein bisschen machten wir dieses Spiel noch mit, aber als dann auch noch die Pädagogin fünf Wochen lang krank wurde – und dadurch auch mein Kind viel unausgeglichener als sonst war – stellte ich mir die Frage: Wofür eigentlich?

Es wäre natürlich eine Spur leichter gewesen, mein Unterrichtspraktikum und mein Studium zu managen, wenn sie vormittags betreut gewesen wäre, aber mit der Hilfe meines Mannes, der zumindest an einem Tag in der Woche von zu Hause arbeiten konnte, war es auch anders möglich. Zur Erklärung muss ich auch sagen, dass mein Unterrichtspraktikum ein freiwilliges war und auch nur einen Vormittag pro Woche in

Anspruch nahm und ich die Uni in dieser Zeit dann einfach auf einen Samstags-Block reduziert habe.

Für diese Entscheidung stellte ich einfach einen Vormittag zu Hause den Beobachtungen aus dem Kindergarten gegenüber: Während ich unsere Tochter an einem Kindergartentag wecken musste und sie unter Zeitdruck anziehen, frisieren und essen musste, war zu Hause der Zeitpunkt des Aufstehens sowie der des Frühstücks und der Vormittagsjause völlig ihr überlassen. Sie konnte sich gemütlich anziehen und liebte es zwischen ihren Kleidern zu gustieren. In der Spielzeit im Kindergarten stand sie oft herum und wartete, bis eine der Betreuerinnen ein Buch vorzulesen begann, was sie meistens (wie schon geschildert) dann unterbrechen musste oder frühzeitig abbrach. Zugegeben, auch ich habe im Haushalt einer fünfköpfigen Familie oft nicht viel mehr Zeit als für ein Buch – das aber ohne Unterbrechungen. Allerdings ist das Mädchen zu Hause ständig eifrig mit etwas beschäftigt. Sie schneidet Gemüse, wischt Schränke, legt Geschirrtücher zusammen – stets machen wir die verschiedensten Hausarbeiten gemeinsam. Nicht selten driftet das ab in ein Spiel und plötzlich ist sie eine fürsorgliche Puppenmama oder eine Köchin … oder sie quasselt und erzählt einfach so dahin, während ich arbeite.

Langweilig wird ihr dabei selten wie allen unseren Kindern. Ich glaube, ich habe in einem anderen Kapitel bereits erwähnt, dass mein ältester Sohn mit fast vier nicht wusste, was das Wort „fad" oder „langweilig" bedeutete. Kindern, die zu Hause Raum und Zeit bekommen, um kreativ schaffen zu können, wird einfach nicht fad. Fad beginnt mit der Leere nach künstlichem Entertainment. Fragen Sie sich einmal selbst: Wann entsteht das bei Ihren Kindern? Auch immer nachdem sie etwas im Fernsehen oder am Smartphone anschauen durften? Die Wirklichkeit kredenzt uns Spannungsmomente nämlich „nur" leicht erfassbar, Stück für Stück begreiflich, da sie sich nicht dem künstlichen und hinterlistigen Aufmerksamkeitsbindungsgarant und der höchstmöglichen Ballung von Spannungselementen bedient.

Unsere Tochter ist also zu Hause die meiste Zeit zufrieden im Einsatz und ich kann gut nebenbei den Haushalt erledigen. Sollte sie allerdings ihre Zeit mit Mama brauchen, kann ich jederzeit auch einmal meine Alltagsroutinen vernachlässigen und mich ihr voll widmen. In der Regel jedoch braucht sie das kaum. Denn meistens spielt sie vertieft, malt oder hilft mit. Natürlich gab es auch Dinge wie das Singen und Basteln und den Morgenkreis, die sie im Kindergarten sehr genossen hat. Aber auch das ist zu Hause auf eine etwas andere Art, meist gemeinsam mit den Geschwistern gut erlebbar.

Während sie sich nach einem stressigen Morgen im Kindergarten eigentlich oft am meisten auf das Abholen und den Nachmittag zu Hause freute, fragte ich mich dann letzten Endes ehrlich, wo hier der Mehrwert zu finden sein sollte. Und zu guter Letzt habe ich dann trotz aller gesellschaftlich gültigen Maxime und Leitsätze für uns entschieden: „Es gibt diesen Mehrwert nicht!"

Wenn der Tagesablauf organisierbar und eindeutig stressfreier ohne Kindergartenalltag ablaufen kann, bleibt nur mehr der soziale Aspekt, um den man sich vielleicht kümmern muss. (Der Finanzierbarkeit ist weiter hinten im Buch ein eigenes Kapitel gewidmet.)

Gerade in diesem Alter lässt sich die wahre Wertigkeit allerdings nur feststellen, wenn man alles in vernünftigen Bezug zu den wirklichen Bedürfnissen des jeweiligen Kindes setzt. In unserem Fall hatten wir zum Beispiel das große Glück, eine Spielgefährtin gleich im Nachbarhaus zu haben.

Gleichaltrige Kinder um sich zu haben, entspricht spätestens ab zwei Jahren den Bedürfnissen der meisten Kinder und ist in den meisten Fällen etwas Wunderbares. Aber die Sicherheit, Mama in der Nähe zu wissen und eine ruhige, vertraute Umgebung zu haben, entspricht einem viel stärkeren Bedürfnis des Kindes – und das macht den Mehrwert aus.

Ideal wäre in der Zeit des Kleinkindalters (und wahrscheinlich auch noch darüber hinaus) die Form von Alltag, in der das Kind mit seiner Bezugsperson in der vertrauten Umgebung ist und sporadisch bei einem Treffen im Garten, einem Besuch am Spielplatz oder einer Nachmittagsjause seine Spielkameraden trifft. Mit zunehmendem Alter wird sich das verselbstständigen und an Intensität zunehmen. So würde beispielsweise ein Fünfjähriger bereits alleine für ein paar Stunden zum Nachbarsjungen gehen und einfach heimkommen, wenn's Essen gibt – wie eben in all den Kinderbüchern, die wir so gern vorlesen. Doch wie Pippi Langstrumpf oder Lotta lebt heute leider kaum ein Kind.

Die Liste der erfolgreichen Erwachsenen, die niemals im Kindergarten waren, ist lang. Und wenn du ein guter Zuhörer bist, dann wirst du vermutlich auch feststellen, dass diejenigen Menschen in deinem Umfeld, die den glücklicheren Eindruck machen, die ihre Lebensbereiche geordneter und erfolgreicher führen, auch jene sind, die die glücklichere Kindheit hatten und umgekehrt.

20. Geschwisterliebe

"Zu meinem vierten Geburtstag habe ich einen Bruder geschenkt bekommen – das war mein bestes Geburtstagsgeschenk!" So schrieb einmal mein ältester Sohn über den Beginn seiner Karriere als großer Bruder.

Eifersucht, Geschwisterneid und Gemeinheiten gehören nicht zwingend in den Mehrkind-Familien-Alltag. Wir haben drei Kinder und mehrheitlich erleben wir sie in einem harmonischen Miteinander, nicht selten sogar in tiefer Zuneigung zueinander.

Die Weichen dafür werden bereits zu Beginn in der wachsenden Familie gestellt. Sobald der Bauch, in dem das Geschwisterchen heranwuchs, sichtbar war, haben wir die großen Geschwister immer wieder mal in Themen rund um die Schwangerschaft eingebunden. Wir haben sie nicht permanent mit dem Thema konfrontiert, aber zu passenden Gelegenheiten – beispielsweise, wenn sich das Baby bewegt hat oder wenn die Hebamme da war – einfach teilhaben lassen.

Manchmal hat unser Sohn dem Baby im Bauch etwas vorgesungen, ein anderes Mal hat er gemeinsam mit der Hebamme den Herzschlag abgehört oder den Bauch massiert. Als der Geburtstermin näher rückte, konnte er Dinge für das Baby vorbereiten und wir haben ihm klar gemacht, dass er nun einen echt tollen und wichtigen „Job" hat – nämlich den eines großen Bruders.

Kinder lieben es, „die Großen" zu sein, weil in einem gesunden Kind alles aufs „Großwerden" programmiert ist. Und sie lieben es, mitzuhelfen und Wertschätzung für ihren Beitrag zu erfahren. Ich glaube, in Wahrheit fühlen wir uns alle besser, wenn wir mithelfen können. Schade, dass uns das in manchen Fällen eher abtrainiert als zugestanden wurde – aber die meisten Menschen verspüren diesen Impuls sicher auch noch, wenn sie erwachsen sind.

Als Familie bereiten wir die Ankunft eines neuen Menschen mit Freude vor. Das große Geschwisterkind darf in dem Maß miteinbezogen werden, wie es ihm selbst Freude bereitet.

Ich würde das Kind nicht täglich mit Büchern übers „Babykriegen" bombardieren, aber seinem Interesse und seinem Drang, auch wichtige Vorbereitungen für das Baby zu treffen, durchaus nachkommen.

Bei uns hat sich das anfangs auf einen monatlichen Blick ins Babybuch und der Auseinandersetzung mit der aktuellen Größe des Babys beschränkt. Dies hat sich aber, als der Bauch größer wurde, auf Bilder, die für das Baby gemalt wurden, Lieder, die durch die Bauchdecke gedrungen sind und vor allem Bauchpflege mit Schwangerschaftsöl ausgedehnt – was nebenbei betont, auch für mich sehr entspannend war.

Für die Beziehung zwischen Geschwistern ist meiner Ansicht nach das, was in den ersten Tagen und Wochen nach der Geburt in der Familie gelebt wird, durchaus ausschlaggebend. Dazu ein Auszug meiner Empfehlungen an eine junge Mutter, die gerade in froher Erwartung auf das zweite Kind war und mich um Rat bat:

Liebe Nina,

im Moment kannst du deine große Tochter in dem Maß, in dem sie Interesse zeigt, in das Thema Geschwisterchen einbinden. Sie sollte das Gefühl haben, dass sie in diese wichtige Familienangelegenheit eingebunden, aber nicht damit überfordert ist.

Unser Sohn hat zum Beispiel gern mal den Bauch eingeschmiert und ihm etwas vorgesungen – aber lange Babybücher anzuschauen hat ihn weniger interessiert. Das kann aber ganz verschieden sein. Als der Bauch schon recht dick war, war ein guter Freund bei uns, der zu unserem Großen gesagt hat: „Hey, jetzt hast du aber einen echt wichtigen Job als großer Bruder." Das hat ihn sehr stolz gemacht.

Kinder lieben es normalerweise Verantwortung zu übernehmen. Natürlich ist deine Tochter noch sehr jung und da bleibt die Aufmerksamkeit nicht so lange bei dieser einen Sache. Aber ich glaube, auch sie wird wachsen, wenn sie sich wichtig fühlt und wenn es vielleicht Kleinigkeiten gibt, die sie beitragen kann.

Egal, ob es in unseren Augen „sinnvoll" ist oder nicht – sie kann für das Baby Steine sammeln oder du kaufst ihr eine Spieluhr, die sie dann dem Baby (auch im Bauch) vorspielen kann ... irgendetwas in der Art.

Die heikle Phase ist der Zeitpunkt, ab dem das Baby da ist. Was ist die übliche Reaktion? Ab zur Oma! Und was hören sie dort meistens? „Jetzt musst du aber auf das Baby aufpassen und brav sein ... Darfst nicht wild sein!" Da beginnen in vielen Fällen ein unnatürliches Verhältnis und eine Verwirrung bzw. Verunsicherung des Kindes. Vor allem, weil es nicht da ist, wo es sein will – nämlich bei dir. Du wirst auch selbst spüren, dass du nach der Geburt des zweiten Kindes, das ohnehin in den ersten

Tagen meistens ruhig und unkomplizierter ist, Sehnsucht nach deinem älteren Kind bekommst.

Zumindest war das bei mir so: Ich habe bei der Geburt von unserem zweiten Baby auch – „wie eben üblich" – den großen Buben bei Oma abgegeben. Und ich konnte mich gar nicht recht auf das neugeborene Baby konzentrieren, sondern habe nur an meinen großen Sohn gedacht. Heute ist mir bewusst: Die kleine Familie gehört zusammen und auch der Bruder hat ein Recht, sobald es für mich nach der Geburt möglich ist, das neue Familienmitglied zu begrüßen.

Nach jeder Geburt haben meine Kinder eigentlich gut verstanden, dass ich Ruhe zur Genesung und zum Stillen brauche, aber sie haben auch ganz viel mit mir und dem Baby gekuschelt. Wenn der Papa mal das Baby hatte, habe ich mich dann oft ganz den älteren Geschwistern gewidmet, einfach mit Kuscheln im Bett oder was auch immer sie machen wollten.

Sehr hilfreich ist vor allem: Wenn du die ersten ein bis zwei Wochen wirklich gut dein WochenBETT (!!!) einhältst, bist du danach wirklich fit und diese Kraft brauchst du, wenn du dann den Alltag mit zwei Kindern schupfen willst. Die Omas würde ich in erster Linie für Kochen, Wäschewaschen, Bettenumziehen, ... um Hilfe bitten und nicht vorwiegend für das ältere Kind einteilen. Auch wenn das bei euch ein bisschen anders ist, weil ihr mit den Großeltern im selben Haus wohnt. Es geht einfach darum, dass eure Tochter nicht das Gefühl bekommt, dass sie dich an das neue Baby verliert – sehr wohl kann sie aber respektieren, weil sie es normalerweise auch sehen und spüren kann, dass du mehr Ausruhzeit brauchst. Da ist dann der Papa ein sehr wertvoller Partner.

Mein Mann hat viel mit den älteren Kindern gemacht, eine Freundin hat gegen Bezahlung Wäsche und Putzen übernommen. *(Weil es nicht schlecht ist, wenn diese Tätigkeiten jemand Externer erledigt – bei nahestehenden Verwandten gibt es oft viel Einmischung, auch wenn sie es total lieb meinen.)*

Ich war mit dem Baby im Bett und immer wieder sind die Größeren zu mir ins Bett gekommen. Ich habe ihnen dort oft gezeigt und gesagt, wie lieb ich sie hab. Die jüngeren beiden waren Hausgeburten. Deshalb waren wir – vor allem bei unserer Kleinen, als ich nämlich niemanden mehr zur Oma geschickt habe – von Anfang an alle mit dem Baby vereint. Und das war wunderschön. Es hat auch gut geklappt, dass Papa dann die anderen Kinder niederlegt (der Jüngere war damals zweieinhalb Jahre) – ähnlich wie deine Tochter. In der ersten Zeit habe ich nachts mit dem Baby allein geschlafen und der Papa mit den anderen Kindern.

Ein Schlüsselerlebnis aus den ersten Wochen nach der Geburt unseres zweiten Kindes möchte ich dir noch erzählen. Es hat mir als junge und noch unerfahrene „Mehrkind-Mama" sehr geholfen und die Beziehung meiner Kinder sehr gestärkt: Wenn Besuch kam, wollte unser Großer – der ohnehin schon ein Energiebündel war – ganz besonders viel Aufmerksamkeit. Es kamen ja immer alle nur „um das Baby zu sehen". Manchmal tanzte er wild um seinen kleinen Bruder herum oder tätschelte ihm zu fest auf die Wange oder nahm ihn zu grob. Die Großmütter schritten sofort ein, um das Baby zu schützen. Aber mein Großer war davon wenig angetan. Auch für mich fühlten sich diese Interventionen nicht richtig an und verbessert haben sie sowieso nichts. Trotzdem wusste ich mir auch keinen Rat und war insgesamt überfordert mit der Situation. Der große Bruder war sehr überdreht und zu wild, aber Schimpfen machte es nur schlimmer.

Zum Glück kam eines Tages eine sehr erfahrene Mutter (sie war auch Geburtshelferin) zu uns zu Besuch. Folgendes spielte sich ab: Unser Ältester begann wieder um den Säugling herum zu laufen, ihn zwischen dem Lauf in die Wange zu kneifen oder zu rütteln, und ich bekam schon wieder einen verzweifelten Blick, weil ich keine Lösung wusste und mir das Ganze auch peinlich war. Da machte diese erfahrene Mutter etwas sehr Interessantes: Als einzige ging sie nicht zum großen Bruder, um ihn zurechtzuweisen, sondern beugte sich zu dem Baby und sagte: „Ja mein Lieber, du hast einen großen Bruder. Der ist ganz schön stark und kraftvoll – da musst du dir wohl etwas einfallen lassen, um ihm klarzumachen, wenn es dir zu viel ist." Die Situation war sofort entschärft und der Große verlor das Interesse, wild um das Baby herumzulaufen. (Und es war ihm sehr angenehm, dass mal jemand auf seinen kleinen Bruder und nicht auf ihn einredete.) In den folgenden Tagen entwickelte der Kleine dann tatsächlich eine Technik, um dem großen Bruder zu signalisieren, wann es zu viel war, indem er einen lauten Schrei von sich gab. Der Kleine, der vom Gemüt her ein sehr ruhiger ist, hat nämlich eine sehr kräftige Stimme. Der Ältere wiederum mag, obwohl er selbst recht energievoll ist, laute Schreie überhaupt nicht. Und so hatten sie sich das in wenigen Wochen selbst ausgemacht.

Ich möchte damit zeigen, dass man mehr, als man glaubt, in die Kompetenz der Kinder legen kann. Und ich bin definitiv der Meinung, dass große Geschwisterkonflikte durch uns Erwachsene begünstigt, wenn nicht sogar hervorgerufen werden. Es ist einfach natürlich, dass Kinder im Geschwisterverband aufwachsen und darin jeder seinen Platz und seine eigenen Fähigkeiten hat. Und ich glaube, man darf nicht unterschätzen, dass auch Geschwister ein Band oder eine Herzverbindung haben. Meine drei jedenfalls unternehmen und kuscheln noch immer viel miteinander – obwohl unser Großer jetzt bald einen Kopf größer ist als ich. Aber zu seinen Geschwistern hat er ein ganz besonderes Band.

Vor allem wenn man von Beginn an mit viel Liebe und Natürlichkeit an die Sache herangeht und die Gewissheit nicht verliert, dass unsere Kleinen in manchen Dingen weit mehr Feingefühl besitzen als wir selbst, ist das für die Geschwisterbeziehung sehr hilfreich. Gelingt es den Eltern dann noch, sich da und dort etwas zurückzunehmen oder sich so wenig wie möglich zwischen die Geschwister zu stellen, können die Kinder unter sich einen wunderbaren Weg finden.

Ich wünsche euch alles Gute!

21. Pippi Langstrumpf in der Ganztagsschule

Wenn ich auch nicht viele Konsumsüchte habe, gibt es eine Branche, die mit mir schon gutes Geld verdient hat: Es sind Kinderbücher, an denen ich schwer vorbeikomme, ohne nicht doch wieder eines nach Hause mitzubringen.

Zum Leidwesen meiner Geldbörse hat direkt neben einer meiner Arbeitsstellen ein netter kleiner Buchladen eröffnet. Und jedes Mal, wenn ich so durch die Regale streife, fällt mir auf, dass die guten alten Kinderbuch-Klassiker niemals „out" sein werden. Ich weiß nicht die wievielten Auflagen von Pippi Langstrumpf, Lotta und Co. dort über den Ladentisch gehen ... Und auch ich selbst lese meinen Kindern gerne aus diesen Klassikern vor. Irgendwie entdecke ich in derartigen Büchern nicht selten eine Art Sehnsucht in mir. Schon an den Bildern, aber auch am schlichten Alltag erkennt man einerseits, wie ungeheuer einfach sich das Leben gestalten kann und andererseits, wie viel Raum für Entdeckungen und Abenteuer auf diese Weise übrig bleibt. Eben weil dort das Leben kein Hamsterrad ist.

Natürlich sind das fiktive Geschichten. Dennoch glaube ich, dass der große Erfolg alter Geschichten nicht zuletzt darin liegt, dass sie uns von einem Leben ohne Termine, Ratenzahlung und „Muss-man-haben-Gütern" erzählen. Mir kommt es beinahe so vor: Irgendwie spüren wir doch, was uns guttäte.

So begann ich das Leben von Kindern à la Tommy und Anika (Pippi Langstrumpf - wäre ja nun wirklich zu fiktiv) mit einem durchschnittlichen, gegenwärtigen Schulkind zu vergleichen. Das Ergebnis meiner kleinen Untersuchung ist nun doch ein sehr ernüchterndes:

Schon der Start in den Tag lässt uns - vor allem im Vergleich mit Stadtkindern - markante Unterschiede feststellen. Während die Kinder von damals häufig längere Schulwege zu Fuß und durch die freie Natur auf sich nahmen, was gleich am Morgen für ausreichend Bewegung und Frischluft sorgte, werden die heutigen Kinder - wenn die Schule nicht in unmittelbarer Gehdistanz liegt - in Bus, Zug oder Auto gesteckt und zur Schule geschoben.

Dort angekommen wird von der kommenden Generation, je nach Alter und Lehrkraft, entweder zu viel oder zu wenig verlangt. Selten schafft es die Institution, ein ausgewogenes Gleichgewicht herzustellen. Das soll aber kein Angriff auf die Pädagogen sein - ich kenne tatsächlich eine Vielzahl an sehr bemühten Pädagogen, die Unglaubliches leisten. Ich glaube nur, dass die Institution Schule - insbesondere wie wir sie heute in der westlichen Welt vorfinden - nicht den Bedürfnissen der Kinder entsprechen kann; so wie es meiner Ansicht nach der gesamte Lebensstil, mit dem wir hier heute konfrontiert sind, nicht tut.

Wenn wir nun aber beim Alltag bleiben und auf die Lehrinhalte nicht weiter eingehen, so können wir spätestens ab Mittag einen weiteren weitreichenden Unterschied ausmachen: Während die Kinder von damals voller Freude auf das Mittagessen heimliefen und dabei zum Beispiel die Gegend erkunden konnten, drängelt sich das moderne Kind durch den Speisesaal, wo es selten etwas zu essen bekommt, was mit einem frischgekochten Essen aus Mamas Gemüsegarten mithalten kann.

Wo den Bilderbuch-Kindern spätestens nach Erledigung ihrer Hausarbeiten der restliche Tag zur freien Verfügung stand und sie ihn – wann immer es ging – draußen verlebten, bleibt das Kind der heutigen Gesellschaft in der Nachmittagsbetreuung. Dort besteht natürlich die Möglichkeit, dass die Kindergruppe geordnet und – an die Abhol- und Jausenzeit orientiert – für eine Weile ins Freie oder in den Fußballkäfig geht, aber mit einem Kind, das in der freien Natur spielt und sich um nichts weiter kümmern muss als bei Einbruch der Dunkelheit heimzukommen, kann das wohl nicht wirklich mithalten.

Über den Wert, den Aufenthalte in Wald und Wiese – der freien Natur – für den Menschen haben, wurden schon zahlreiche Bücher geschrieben; diese Notwendigkeit für den menschlichen Organismus wie seiner Psyche wird in all diesen Büchern hochgehalten.

Abgesehen davon glaube ich, dass Raum für kreatives Spiel eine ganz wichtige Komponente der Kindheit ist – aber diese Art des Spielens braucht Raum zur Entfaltung. Sie kann nicht in straffen Zeitreglements gedeihen. Sie versiegt auch, wenn sie zu oft von Nebengeräuschen oder Fremdeinwirken abgelenkt wird. Natürlich sind wir soziale Wesen und im Normalfall spielen Kinder sehr gerne miteinander. Aber es ist meiner Meinung nach einer der größten Irrtümer unserer Zeit, dass das Interesse am Spiel mit anderen Kindern unbedingt und gleichbedeutend mit institutioneller Kinderbetreuung – sei es jetzt Kindergarten, Schule oder Hort – sein müsse.

Kinder spielen gerne mit anderen Kindern und sind als soziale Wesen grundsätzlich an Interaktion mit anderen interessiert! Ja, so ist es.

Aber wollen Kinder in ein institutionell geformtes System gepresst werden, das sich in Wahrheit an den Bedürfnissen der Erwachsenen bzw. den wirtschaftlichen Aspekten unserer Gesellschaft orientiert, den Tagesablauf der Kinder vollständig reglementiert und ihnen minütlich vorgibt, wann was gemacht werden muss und wofür sie sich in diesem Augenblick zu interessieren haben? – Nein, auf keinen Fall!

Ganz ehrlich, wer möchte das schon?

Ich weiß nicht, wie es anderen damit geht, aber mich hat dieser Aspekt stets sehr nachdenklich gestimmt. Unsere Gesellschaft ist „gebildeter" als je zuvor, wir kaufen Bio-Nahrung, suchen möglichst sinnvolle Freizeitangebote für unsere Kinder aus, werten ihre Ausbildung als immens wichtig und wollen, dass sie frei, selbstbewusst und glücklich sind (hoffentlich) – so wie Pippi Langstrumpf und Co. Aber Pippis Alltag war weder von früh bis spät durchgeplant noch von permanenter Fremdbestimmung geprägt.

Ein Buch, das den tatsächlichen Alltag heutiger Kinder beschreibt, würde wohl niemand gerne kaufen! Es wäre todlangweilig und läge weit jenseits von Freiheit und Glücklichsein. Ein perfekter Ladenhüter sozusagen.

Ich glaube nicht, dass die Eltern von heute grundsätzlich falsche Ideale haben, aber es täte uns allen gut, wenn wir damit beginnen würden, unsere Ideale tatsächlich zu leben. Insbesondere bei unseren Kindern!

22. Über das Wesen des Kindes

Es liegt mir grundsätzlich fern, ein menschliches Wesen einer genauen und detailliert umrissenen Kategorisierung (Schubladisierung) unterzuordnen, liegt doch gerade in der Individualität die Besonderheit unserer Spezies. Vergleicht man aber Kinder mit Erwachsenen, fallen einem schon so einige charakteristische Unterschiede auf. Meine Beobachtungen dahingehend möchte ich hier nicht vorenthalten:

Kinder imitieren und kopieren ihr Umfeld, speziell ihre Eltern, unglaublich schnell und intensiv. Aber die Ursprünglichkeit des Kinderwesens ist ebenfalls sehr kraftvoll und kann immer wieder erkannt werden, sie lässt sich anfangs – Gott sei Dank – kaum unterdrücken.

Je mehr junge Kinder ich sehe und erlebe, umso mehr offenbart sich mir der Umstand, dass unsere Babys unglaublich viel, wenn nicht alles, was sie für ein glückliches Leben brauchen, eigentlich vom Start weg mitbringen. Ist ein Mensch von Anfang an geliebt und willkommen, sind Unbeschwertheit, Fröhlichkeit und eine kaum zu bändigende Neugier eine natürliche „Nebenwirkung". Wenn wir dann den typischen Jugendlichen von heute anschauen, ist da selten viel von dieser Lebenshaltung übrig geblieben und im eigenen Bekanntenkreis wird man Erwachsene, die sich als unbeschwert und glücklich bezeichnen – wenn man sie überhaupt findet – an einer Hand abzählen können. Bei jungen Kindern jedoch würden viele Hände nicht ausreichen.

Dieser Umstand hat mich nachdenklich gestimmt – und darf auch dich zum Denken anregen. Was ist es, das so viel verschluckt von dem, was im Kind einst da war? Wie kann ich bewahren, was mein Kind mitbringt? Für mich ist heute klar, dass es unsere zentrale Aufgabe als Eltern ist, genau hier aufmerksam zu sein und unterstützend zu wirken.

Eine Theorie, dass ein Kind von Beginn an viel mitbringt und sich dies einfach im Laufe der Zeit „ablebt" und deshalb ein weniger begeisterter Erwachsener dabei herauskommt, schien mir weder plausibel noch glaubhaft. Das Leben müsse doch eigentlich deshalb da sein, um sich und seine Fähigkeiten zu expandieren und nicht zu minimieren. Und obwohl einige der rein körperlichen Fertigkeiten wie motorische Koordinationen (die uns das Gehen, Springen, Schreiben … ermöglichen) natürlich ausgebildet werden, gibt es doch erwiesenermaßen im nicht rein physischen Bereich Dinge, die sich bei vielen Menschen rückläufig entwickeln – das geht von feinen Wahrnehmungen bis über Lebensenergien und Emotionen wie Freude oder Interesse.

Wo verlieren wir die Intensität dieser Dinge und wo haben wir all dies liegen gelassen – gibt es da einen Fehler im System? Oder ist das System selbst der Fehler?

Beobachte selbst: Wann im Leben eines Kindes findet Veränderung statt? Was wirkt sich förderlich, was destruktiv auf ein ausgelassenes kindliches Dasein aus? Was wirkt sich gut oder schlecht auf unser eigenes Dasein aus? Was verursacht unseren Stress, was Wohlgefühle?

An diesem Punkt hat mich schon vor einiger Zeit eine Art Entdeckerdrang gepackt und ich habe begonnen, meine Kinder – aber auch Familien mit ihren Kindern rund um mich herum – zu beobachten. Zusätzlich habe ich mich in Fachliteratur zu diesem Thema vertieft und bin überdies zu der erstaunlichen Erkenntnis gekommen, dass sehr brauchbare Ideen und Wahrnehmungen zur kindlichen Entwicklung vielfach bereits vor Jahrzehnten – ja sogar Jahrhunderten – aufgezeichnet wurden.

Ich habe es mir weiters zur Aufgabe gemacht, einige dieser Daten mit meinen Beobachtungen und Erfahrungen in Verbindung zu bringen oder sie entsprechend zu vertiefen, um so ein brauchbares Konzept im Leben und Umgang mit Kindern zu entwickeln, indem ich vor allem versucht habe, dieser, unserer ursprünglichen Welt, der die Kinder scheinbar noch näher sind als wir Erwachsene, mit Verstehen und Offenheit zu begegnen.

Die erste Entdeckung, die ich – so wie jede andere frischgebackene Mutter – machen durfte, ist das Verhältnis des kindlichen Wesens zu Zeit. Ein junger Mensch kommt völlig ohne Zeitstrukturen oder dem Wunsch nach zeitlicher Einteilung zur Welt. Schnell bemerkt die junge Mutter, dass ihr Sprössling jetzt noch gestillt werden will, obwohl sie bereits am Weg zum Kinderarzt sein sollten. Dass er noch schläft, wo sie doch schon seit einer Stunde beim sonntäglichen Mittagessen zur Großmutter eingeladen wären und der Termin mit der Spielrunde heute doch nicht einzuhalten ist, weil beide die halbe Nacht wach waren und jetzt endlich Ruhe herrscht.

Die akkurateste Sekretärin muss neu dazulernen, dass Termine nicht mehr die erste Priorität sind – denn jetzt ist sie Mutter geworden.

Die Kinderseele denkt ohne Zeit und das würde sie auch weiterhin tun, wenn es nicht jedes Mal Stress gäbe, wenn das Kind noch mit zwei Bauklötzchen munter auf den Boden klopft, um diese einzigartige Geräuschkulisse zu erfahren, während Mama schon drängt, jetzt endlich die Schuhe anzuziehen, weil man doch schon längst in den Kindergarten müsse.

Vielleicht wird man hören: „Alles schön und gut, aber unser System besteht nun mal aus lauter zeitlichen Begrenzungen, irgendwann müssen sie es ja lernen."

Und genau dazu seien zwei Dinge angemerkt: Ja, unser System ist sehr von Zeit geprägt, aber sind wir rundum zufrieden damit? Wenn wir etwas ändern wollen, dann braucht es auch Bereitschaft, etwas anders zu machen als bisher – oft von Grund auf, denn dann ist es am wirkungsvollsten.

Nun gehöre ich (als Unternehmer-Tochter) nicht zu den totalen Gesellschaftsverweigerern oder Aussteigern (auch wenn der Gedanke daran manchmal reizvoll ist). Aber ich besitze auch ein gewisses Quäntchen Mut zur Veränderung und genügend Optimismus (oder Naivität), um an eine bessere Welt zu glauben. Also habe ich mir gedacht, wenn ich zumindest in den Jahren vor Schuleintritt (dann dominieren ohnehin die Regeln des Systems) meine erwachsene Lebensweise eher an die des Kindes anpasse als umgekehrt, schütze ich meine Kinder vor unnötigen Stresshormonausschüttungen (die offensichtlich bei jungen Kita-Kindern bereits wissenschaftlich nachgewiesen werden können) und schaffe gleichzeitig ein entspanntes Umfeld für die ganze Familie. Also eigentlich eine Win-win-Situation.

Tage, die ohne Terminkalender auskommen und Nachmittage, an denen man von der Picknickdecke aus beobachtet, wie sein Kleinkind versucht, Ameisen zu fangen, sind ein wesentlich sinnvollerer Beitrag zur kindlichen Entfaltung als eine Schreikulisse und Reizüberflutung in der Krabbelgruppe – Trennungstrauma inbegriffen. Ist man daneben sogar im Besitz eines Gartens, kommt man zudem in die privilegierte Situation, dass man nebenbei auch gut diverse Arbeiten erledigen kann.

Wenn ein Baby zur Welt kommt, haben wir einen Erdenbürger dazu gewonnen und in den meisten Fällen sieht dieser kleine Mensch unbedarft und voller Vertrauen seiner Zukunft entgegen. Es gibt noch keine Sorgen und keine Gedanken an morgen – das junge Kind lebt im Jetzt.

Dieser starke Gegenwartsbezug manifestiert sich übrigens oft bis ins Vorschulalter und darüber hinaus. Wer gut zuhört, bemerkt, dass die meisten Kinder sehr lange Schwierigkeiten damit haben, „gestern" und „morgen" zuzuordnen und erst recht „nächste Woche" und „letzten Monat" richtig zu verwenden.

Ich habe bei meinen Kindern aufgehört, diese Zeitbezeichnungen zu korrigieren und mich stattdessen darüber gefreut, dass sie etwas können, für das wir Erwachsene Zeit und Geld aufwenden, um in Pilates, Yoga oder sonst wo wieder zu lernen, im Moment zu leben und die Gegenwart um uns wahrzunehmen. Ebenso habe ich damit begonnen, Kindern bis ins Alter von drei bis vier Jahren nur Bücher vorzulesen, die im Jetzt erzählen (oder sie altersgemäß umzudichten – darin bin ich ohnehin in meisterliche Disziplinen aufgestiegen, denn welcher Dreijährige hat einen Begriff für Wörter wie „zögerte", „bedauerte" oder „tollkühn" in einem Bilderbuch!).

Wenn wir nun auf die oben genannten Bauklötzchen zurückblicken, mit denen das Kind eifrig auf den Boden trommelt, dann begegnen wir gleich der nächsten absolut charakteristischen Eigenschaft des Kindes: Es lernt – und zwar nahezu ununterbrochen. Die Kinderseele ist erfüllt von einem tiefen Bedürfnis zu lernen und zu erfahren. Wäre einem Schulkind diese Prägung noch in gleicher Intensität und Reinheit erhalten, kämen die Lehrer mit der Wissensvermittlung gewiss nicht nach.

Aber auch hier können wir gut beobachten, was im Großteil der Fälle passiert: Die Bauklötze werden beiseitegeschoben, unter mehr oder weniger großem Protest des Kindes, die Schuhe werden drauf gesteckt und ab geht's in den Kindergarten. Zum Spielen. Und auch wenn ich als Mutter mehrerer Kinder sehr gut weiß, dass es vorkommt, dass ich der Kleinen einmal nicht die notwendige Zeit zum Schuhe anziehen schenken kann, weil der Große am Bahnhof wartet, macht es doch einen Unterschied, wenn ich mir dieser Tatsache bewusst bin und meiner Tochter an ruhigeren Tagen genug Gelegenheit gebe, ihren Entdeckerdrang auszuleben.

Wenn man tatsächlich dem Interesse des Kleinkindes nachkommen will, wäre wahrscheinlich allein der Akt des Schuhanziehens ein Fachgebiet, dem sich ein Kind gut eine halbe Stunde lang widmen könnte, vorausgesetzt seine Lust am Lernen wurde nicht schon Hunderte Male abgewürgt und als lästig degradiert. All die Laschen, Schnüre und Oberflächen – wahrlich ein sensomotorisches Traumland.

Natürlich gilt es hier den Fokus auf das Wesentliche zu legen. Kinder tun unzählige Dinge, die uns als ineffizient, lästig oder gar störend erscheinen. Das Kind selbst ist dabei jedoch in einem überdimensionalen Lernprozess.

Der Zitronenkern, den Kinder unter einem Höchstmaß an Konzentration aus einem Krug fischen, ist eine bessere Schreibvorbereitung als ein Dutzend Arbeitsblätter. Das Buch, das der Kleine ein x-tes Mal vorgelesen bekommen will, tut viel mehr für sein Sprachverständnis als die Korrekturen der Eltern, wenn bei der Aussprache eines Wortes ein falscher Laut rausgerutscht ist (sprachliche Korrekturen sollten im Kleinkindalter sowieso niemals direkt stattfinden). Die Zeit und die Erfahrung, die wir dem Kind gewähren, wenn es selbst die Zahnpasta aus der Tube drücken darf (trotz aller Verschwendung) erspart uns später unzählige Diskussionen über Zähneputzen.

Was dem jungen Menschen natürlich angeboren ist, sind gewisse körperliche Bedürfnisse, ein Verlangen nach Nahrung, der Drang, Unnötiges wieder loszuwerden (in die Windel ... oder sonst wohin), Schlaf, der zunehmende Wunsch, den Körper selbstständig zu kontrollieren ... Dinge dieser Art. Seinem Baby also die Gelegenheit und das Umfeld zu bieten, in dem es einfach im Jetzt sein kann, es dabei zu unterstützen, die eben genannten Bedürfnisse so gut es geht zu befriedigen und es Liebe spüren zu lassen, scheint die gelungene Kombination und bestmögliche Unterstützung für unseren Nachwuchs zu sein.

Wenn man sich einfach vor Augen hält, dass ein Kind auch über einen einfachen Wassertropfen oder ein Schneckenhaus in rege Begeisterung geraten kann, und wenn man dieses „weniger ist ganz oft mehr" in die alltäglichen Lebensprozesse einbindet, dann ist man schon auf einem guten Weg.

Wer die Vielzahl an Aktivitäten und Treffen aus dem Terminplaner streicht und fett „Freie Zeit" darüberschreibt, wird merken, wie sich das Maß an Harmonie in der Familie erhöht.

23. Wie viel ist eigentlich zu viel?

Seit ich Kinder habe, gibt es wohl kaum eine größere Herausforderung für uns, als eine Balance dafür zu finden zwischen dem, was unsere westliche Lebensform an gesellschaftlichen Abläufen, Einrichtungen und Institutionen fürs soziale Leben vorgibt und dem, was der tatsächliche Bedarf unserer Kinder ist.

Ohne Frage ist der Mensch ein soziales Wesen und in jedem gesunden Menschen entsteht, wenn auch durchaus in unterschiedlichem Ausmaß, früher oder später ein Bedürfnis nach Gemeinschaft und Zugehörigkeit. Meiner Beobachtung nach hegt bereits das junge Kind den Wunsch, ein wertvolles Mitglied einer Gruppe zu sein. Obgleich diese Gruppe in den Anfängen noch sehr klein sein kann und nicht selten die eigene Familie vorerst einmal mehr als ausreichend ist. Mit den Jahren expandiert der Mensch sozusagen nach außen und wird immer interessierter an Gruppen und die Sehnsucht nach einem Gemeinschaftsgefühl entsteht.

Für mich wäre der gesündeste Ort, um diesen menschlichen Bedürfnissen nachzugehen, eine intakte Dorfgemeinschaft. Häuser, in denen Familien leben, Gärten, Wälder und Plätze, an denen man sich trifft, wo Kinder spielen – das würde den Rahmen bilden. Eine Vielfalt an Personen, alt wie jung, mit den verschiedensten Fähigkeiten und Charakterzügen würden die Seele des Dorfes ausmachen. Kinder, die sich zeitlich an nicht viel mehr orientieren müssten als am Stand der Sonne und vielleicht dem gemeinsamen Mittagstisch, könnten nach ihrer inneren Uhr gedeihen. Sie könnten mit anderen Kindern interagieren, soviel sie wollen und in den eigenen vier Wänden Ruhe und Sicherheit finden. Zusätzlich könnten sie in der Gemeinschaft und von den anderen lernen – von jedem das, was dieser vielleicht besonders gut kann.

Man sieht: Ein Ideal von Idylle und Freiheit, wie wir es aus den alten Kinderbüchern oder von Naturvölkern kennen, ist schnell gemalt und entbehrt jeglicher Systematisierung, Gleichschaltung und Institutionalisierung von Individuen. Unser Leben hier in Mitteleuropa sieht allerdings deutlich anders aus und die Institutionalisierung der Kleinsten hinkt manchen ethisch-fragwürdigen Ausbildungsregimen anderer Großmächte kaum noch hinterher.

Umso wichtiger finde ich es, jetzt die Frage zu stellen, wie weit wir eigentlich gehen wollen.

Wie viel Vorgabe und Reglementierung wollen wir an uns oder unseren Kindern vornehmen und vornehmen lassen? Entspricht unser Dasein hier in der aktuellen Gesellschaftsordnung tatsächlich unserer inneren Sehnsucht? Wie viel glückliche Menschen kennen wir, wie viele erreichen gesund und zufrieden ein hohes Alter und versinken nicht in Einsamkeit oder Krankheit?

Es lohnt sich, einmal genau hinzusehen. Nicht nur, um zu erkennen, dass es doch vielleicht genügend Bereiche gibt, die wir hier in den „entwickelten Ländern" zu verbessern hätten, sondern auch um ehrlich zu sehen, welch enorm durchgetakteten Alltag wir hier bereits unseren Kleinsten zumuten – und somit den Spross eines selbstbestimmten, freien Lebens bereits im Keim ersticken.

Auch für meinen Mann und mich, obwohl wir Jahr um Jahr weitere Meter in ein erfülltes, selbstbestimmteres Leben gehen, ist die Herausforderung, hier ein gutes Gleichgewicht zu finden, riesengroß. Es ist nicht immer einfach, den Unterschied zwischen dem, was uns wirklich guttut, und dem, was die Welt rundherum alles für uns „vorsieht", zu erkennen – und den vielen Verlockungen zu widerstehen, wenn sie uns in Wirklichkeit an weitere Strukturen ketten.

Fußballverein, Kinderturnen, Gemeinschaftsprojekte – immer wieder reizt uns oder die Kinder das DABEISEIN oder der Spaß an der Aktion und gleichzeitig überfordert uns die schnell wachsende Dominanz all dieser Projekte. Sie alle verschlingen rascher als einem lieb ist ein Zuviel an Logistik, Geld und Zeit.

Erst vor Kurzem hatte ich wieder ein Erlebnis, das – wie ich finde – sehr deutlich zeigt, welche Spuren unser „Zuviel" beim Menschen hinterlässt. Lehrmeister war in dieser Situation wieder mal eines unserer Kinder:

Unser zweiter Sohn legt tatsächlich schon vom Kleinkindalter an eine aufrichtige Leidenschaft für den Ballsport an den Tag. Er zielte schon pfeilgerade und scharf geschossen in Tore, bevor er noch gehen konnte, und wann immer er wo einen Ball in die Hände bekam, machte er ein Wurf- oder Schuss-Spiel daraus. Es war also keine Überraschung, dass er recht bald ein unglaubliches Talent für Fußball entwickelte. Wann immer man ihn fragte, was er am liebsten macht, war „Fußballspielen" seine Antwort. Weil er sonst aber ein eher ruhiges Gemüt hat, ließen wir uns mit dem Vereinssport Zeit und warteten, bis er neun Jahre alt war und von sich aus den Schritt in einen regionalen Verein wagen wollte. Auch dort zeigte er sein Können und wir holten ihn stets gut gelaunt von den ersten Trainingseinheiten ab. Nach einer kurzen Sommerpause übernahm ein neues Trainer-Team, sie erhöhten das wöchentliche Training auf drei Einheiten. Wir alle waren ganz schön gefordert mit der Logistik, immerhin hatten auch die anderen Geschwister ihre

Freizeitaktivitäten. Als ich ihn dann am dritten Tag nach dem Training abholte, setzte er sich mit den Worten „Puh, Mama, Gott sei Dank habe ich jetzt bis Montag nichts mit Fußball zu tun!" zu mir ins Auto. Ist das nicht unglaublich schade? Unser „Immer-noch-mehr" und „Noch-mehr" ist im Stande sogar tiefer Begeisterung den Garaus zu machen.

Warum haben wir auch als Trainer einer Fußballmannschaft nicht die Idee oder den Mumm, die Kinder nach ihrem Bedürfnis zu fragen? Warum dürfen sie sich nicht selbst die Zeit fixieren, die sie einer Aktivität widmen wollen? Das würde niemals länger sein, als ihnen guttut!

Noch deutlicher wird das Zuviel bei der Fremdbetreuung von Kindern. Dass zu frühe und zu lange externe Betreuung tatsächlich psychische und physische Schäden mit sich bringt, haben bereits wissenschaftliche Studien unverkennbar bewiesen. Aber auch Betreuung in alternativen Schulen, Projekten oder Gemeinschaften scheint fast immer am Kind vorbeizugehen, wie wir selbst schon mehr als einmal erleben durften. Alternative Initiativen zu Lern- oder Spielgemeinschaften, die es den Kindern eigentlich ermöglichen sollten, auch ohne Kindergarten oder Schule ein ausreichend großes soziales Netzwerk und eine Gruppenzugehörigkeit zu entwickeln, werden letzten Endes zu komplizierten Unterfangen. Unglaublich schnell tappen wir Erwachsenen wieder in die Falle, noch mehr zu organisieren und noch mehr anzubieten, was meisten auch mehr Kosten verursacht. Das resultiert dann wieder in einem straffen Zeitplan, der uns letztendlich mehr Energie nimmt, als er uns bringt.

Unsere Kinder (und natürlich auch wir Erwachsenen) werden dabei nur allzu leicht zu einem Kalkulationsposten. Je mehr in einem System involviert, umso mehr Kalkulationswert haben wir – im Großen wie im Kleinen.

Trotzdem denke ich, es wäre falsch, nur zu jammern und die Flinte ins Korn zu werfen. Immer mehr Gruppen erkennen das und sind bemüht dem Menschen, insbesondere dem Kind, Freiheit und ein soziales Netzwerk zu bieten. Spätestens jetzt – in dieser spannenden und sich wandelnden Zeitqualität – werden die ersten Projekte entstehen, die den Wert im Individuum und in dessen wahren Bedürfnissen sehen. Es wird offensichtlich werden, dass weniger mehr ist und Projekte, die nur wenig Zeit der Kinder reglementieren, erfolgreicher und langlebiger – und auch kostengünstiger – sind. Bis sich in hoffentlich naher Zukunft eine Gesellschaft etabliert hat, die gar keine zeitlichen Vorgaben mehr braucht, weil die Menschen in ihren Dörfern nach Intuition und mit Gemeinschaftssinn handeln.

24. Der Lehrer hilft dem Kind – wenn es das will

Nachdem ich in meinen Büchern selten ein gutes Haar an unseren Schulen und Kindergärten lasse, ist es mir wichtig zu sagen, dass sich diese Kritik im Allgemeinen an die heute üblichen größeren Bildungsinstitutionen richtet. Weder die kleine Dorfschule, wie wir sie von früher kennen (und die es da und dort vielleicht auch noch geben mag), noch die große Zahl an Pädagogen, die diesen Beruf aus Liebe zum Kind gewählt haben, verdienen diese Anklage.

Viele meiner guten Freunde und einige nahe Verwandte sind Pädagogen. Auch ich selbst habe einige Module Pädagogik an der Uni absolviert und an etlichen Weiterbildungen im pädagogischen Kontext teilgenommen. Gerade in diesen Kursen konnte ich immer wieder feststellen, dass der überwiegende Teil der Kollegen aufrichtiges Interesse dafür zeigt, Bildung so „nahe am Kind" wie nur möglich zu gestalten. Viele Lehrer investieren große Summen an privatem Geld für Materialien und Know-how, die es dem Schüler ermöglichen sollen, mit mehr Freude zu lernen. Wenn das Herz dieser Pädagogen am richtigen Fleck ist, dann gelingt diese Ambition auch recht gut, vor allem im Elementar- und Primar-Bereich.

In den Gesprächen, die ich mit Pädagogen geführt habe, wurden aber trotz aller Bemühungen immer wieder die Grenzen beklagt, die durch strukturelle Vorgaben gesetzt sind. Es sind Dinge wie fixe Stundenpläne, Lehrpläne und Verordnungen, die den Takt an einer Schule vorgeben. Aufgrund der vielen Elternabende, die ich als Mutter von drei Kindern abgesessen habe, wurde mir aber auch bewusst, dass gerade die Eltern enorme Herausforderungen und Ansprüche an die Pädagogen herantragen.

Es sieht in manchen Fällen so aus, als würden Eltern gerne die gesamte Erziehung der Kinder an das pädagogische Team abgeben. Sie erwarten, dass nach X-Jahren Kindergarten und Schule ein gesellschaftstauglicher Arzt oder Anwalt aus den zahlreichen Bildungsstätten ausgespuckt wird, der am Sonntag gern zum Essen kommt und einem in der Pension entweder Geld oder Enkelkinder beschert. Aber Menschen sind keine Maschinen. Wie viel Wissenschaft wir auch in unsere nächste Generation hineinpumpen – ohne Liebe, Zuwendung und Beziehung funktioniert der Mensch nicht. Früher oder später endet der Mensch, der ohne Liebe aufwachsen musste, in einem Desaster – entweder in dem, das er angerichtet oder sich selbst zugefügt hat.

Glücklichsein kann nur im Beisein von aufrichtiger Liebe gedeihen – niemals in ihrer Abwesenheit.

In der Region, in der wir leben, sind die Lehrer und Direktoren nicht selten diejenigen, die den Eltern zureden. Aussagen wie „Nehmen Sie sich Zeit für Ihr Kind" – „Lieber ein Ausflug als ein Computerspiel" – „Lassen Sie Ihr Kind spielen" – „Ihr Kind hat noch ein Jahr Zeit, um das zu lernen" sind mir in den letzten Jahren eher von empathischen Pädagogen als von Müttern oder Vätern der Schulkinder zu Ohren gekommen.

Gute Pädagogen erkennen mittlerweile das ZU VIEL, das den Kindern zugemutet wird. Immer mehr bemühen sich Schulen um entspannte Lernatmosphäre, Mehrstufenklassen, keine Notenbewertung oder andere Dinge dieser Art – in den unteren

Schulstufen. Ab dem Gymnasium weht meistens ein anderer Wind, denn hier wird verlangt, einen der wenigen angesehenen Berufe zu erhaschen und die Konkurrenz bestmöglich auszustechen.

Bei den Hospitationen an verschiedensten Schulen, die ich im Zuge meiner Ausbildung durchführen durfte, hatte ich es oft mit Lehrkräften zu tun, die in unglaublichem Maße um das Wohl des Kindes bemüht waren, aber ihre Schwierigkeiten damit hatten, den Eltern beizubringen, dass ihr Kind vielleicht nicht die „Gymnasiumsreife" erzielen würde, aber handwerklich unglaublich talentiert wäre. Eltern machen manchmal enormen Druck, um ihr Kind letzten Endes mit Diplomzeugnis in den Händen zu sehen. Bei den vielen arbeitslosen Akademikern und dem großen Facharbeitermangel, den wir aktuell in unserem Land vorfinden, frage ich mich langsam, woher dieser sinnbefreite Druck eigentlich kommt.

Auch wenn ich mich grundsätzlich in einer bewussteren Zukunft für einen vollkommen freien Zugang zur Bildung ausspreche, beispielsweise über regionale Lernhäuser, die Jung und Alt zur selbstbestimmten Bildung zur Verfügung stehen könnten, gibt es gegenwärtig doch auch das ein oder andere Beispiel, dem ich durchaus etwas abgewinnen konnte:

Während meiner Zeit in Costa Rica habe ich in der örtlichen Grundschule als Stützkraft mitgearbeitet und konnte einen guten Einblick in die dortigen Strukturen gewinnen. In dieser Region hat beinahe jedes kleine Dorf eine „escuela" (Grundschule). Dabei besuchen alle Kinder des Dorfes im Alter zwischen sechs und zwölf diese Schule. Sie hat allerdings meist nur ein bis zwei Klassenräume. Die Kinder sind also in zwei Gruppen geteilt, etwa erste bis dritte Schulstufe und vierte bis sechste Schulstufe. Eine Gruppe beginnt und hat drei Stunden Unterricht. Dann wird gemeinsam gegessen und die nächste

Gruppe ist dran. Nach den drei Stunden gehen die Kinder wieder zurück in ihre Häuser, um die Schuluniform auszuziehen, und dann geht's ab zum Fluss, in den Wald oder einfach ins Dorfleben. Jedes Kind dort kennt Schule und Lehrer lange vor Schuleintritt. Der sogenannte Kindergarten ist auch in der Schule untergebracht, dort kann man ein Jahr vor Schulbeginn für ein bis zwei Stunden täglich teilnehmen.

Ich behaupte nun nicht, dass das die einzige und optimalste aller Lösungen wäre, aber ich habe bemerkt, dass sich die Kinder in diesem Dorf meistens auf Kindergarten und Schule gefreut haben. Es gab dort keine Eingewöhnungsphasen oder große Probleme. Diesen komplikationslosen Zugang würde ich eben auf die gut in jedem Dorf integrierte und sehr vertraute Schulsituation und die kurze Aufenthaltsdauer in der Bildungsstätte zurückführen. Diese geringe Zahl an reglementierten Stunden ermöglicht den Kindern täglich noch viel freie Spielzeit.

Auch in den kleinen Gemeinden Österreichs können wir vielleicht noch da und dort ähnliche Strukturen vorfinden. In der Heimatgemeinde meines Mannes beispielsweise hat jetzt mitten in einem sehr jungfamilienreichen Ortsteil ein neuer Kindergarten eröffnet. Die dortigen Kinder gehen sozusagen täglich an dem großzügigen Garten, in dem die Kindergartenkinder spielen, vorbei. Ihre Nachbarn und Geschwister besuchen diese Einrichtung. So sind Bezug und Vertrautheit auf diese Weise sehr regional und bereits im Vorfeld möglich.

Aber auch diese Modelle sind nur eine von vielen Möglichkeiten auf dem Weg hin zu einer besseren Bildungssituation, als wir sie aktuell vorfinden.

Sobald der Großteil aller Eltern bewusst und mit viel Liebe auf seinen Nachwuchs eingeht, könnten gerade junge Kinder einfach frei zwischen Nachbargärten spielen. Und es wäre schön, wenn in jedem Dorf ein Haus zur freiwilligen Weiterbildung, ähnlich einer Bibliothek, mit pädagogisch geschultem Personal zur Verfügung stünde, indem Kinder und Erwachsene sich in den Bereichen bilden und weiterentwickeln könnten, in denen ihr Interesse liegt.

Ich weiß, das ist noch nicht überall realistisch, und besonders in Ballungsgebieten schwierig – aber es ist immer gut, eine Vision zu haben. Es waren fast immer Visionen, die die Menschheit ein gutes Stück voranbrachten.

Grundsätzlich ist also auch mit dem überwiegenden Teil unserer Lehrer und Lehrerinnen nichts verkehrt. Kinder lernen von Erwachsenen und empfinden es als Bereicherung, wenn sich jemand von den Großen für sie Zeit nimmt, um ihnen etwas zu erklären oder ihnen etwas zu erzählen. Das darf und soll gerne auch mal jemand außerhalb der Familie sein, insbesondere wenn sie dann etwas älter sind. Es wäre wunderbar, wenn Erwachsene ihr Wissen in den Bereichen, für die sie sich selbst begeistern, an die jungen Menschen weitergeben.

Der Gedanke, dass jeder Mensch dasselbe im gleichen Alter lernen muss, darf aber reformiert werden!

Die meisten Kinder wollen sich von sich aus die Kulturtechniken aneignen, die sie bei den Großen beobachten. Das heißt, sie werden das lernen, was wir ihnen vorleben und was wir selbst verwenden. Wenn Eltern noch einen Stift zur Hand nehmen, um Briefe und Notizen zu schreiben, werden auch die Kinder Interesse am Schreiben haben. Wird alles ins Smartphone getippt, scheint dieses Medium wohl wichtiger als die Grundkompetenz des Schreibens zu sein. Den Kindern ist da eigentlich kein Vorwurf zu machen.

Lehrer hätten in Gemeinschaften und Familien wichtige Rollen. Sie würden all jenen helfend zur Seite stehen, die sich Wissen aneignen möchten. Wie wunderbar wäre es, wenn die Menschen selbstbestimmt auf unsere Pädagogen zugehen dürften. Inzwischen sind wir wohl noch nicht ganz so weit. Eltern sind oft beide berufstätig und auch wenn sie es gerne anders hätten, um alles abzuzahlen, was sie sich angeschafft haben, scheint es keinen anderen Ausweg zu geben, als die Kinder viele Stunden am Tag fremdbetreuen zu lassen. (Was allerdings meistens wieder Kosten verursacht.)

Das aber alle materiellen Werte und unser gesamtes Wirtschaftssystem an sich auf wackligen Beinen steht, wird heute deutlicher denn je. Deshalb ist es erlaubt – oder sogar Gebot der Stunde – umzudenken und nach Alternativen zu suchen. Denn sollten sämtliche Güter oder Scheine, für die man jetzt arbeitet, am Ende immer mehr an Wert verlieren, ist es doch besser, man steht mit intakter Familie da als ohne! Und die braucht persönliche Beziehung und nicht Fremdbetreuung.

25. Gut, dass es Papa gibt!

Da es in den meisten meiner Kapitel darum geht, den Mamas Mut zu machen und sie ihre Würde als Frau und Schöpferin wieder erkennen zu lassen, ist es jetzt auch einmal an der Zeit, den Papas da draußen ein paar Zeilen zu widmen.

Genau wie wir Mütter haben auch die Väter eine ganz spezielle Verbindung zu ihren Sprösslingen, die wahrscheinlich wieder ein ganzes Buch füllen würde. Ich persönlich halte ein gutes Zusammenspiel von Mutter und Vater für die vielversprechendste Form, Kinder gut aufwachsen zu lassen. Ich glaube allerdings, dass jeder der beiden seine Aufgaben hat bzw. Bereiche, in denen seine Fähigkeiten besonders gefragt sind.

Und genau das ist in der aktuellen gesellschaftlichen Situation ein heikles Thema.

Um hier gleich irgendwelchen Fehlinterpretationen vorzubeugen, möchte ich festhalten, dass meine Texte mein eigenes Gedankengut sind und in keinster Weise politischen Hintergrund haben. Mich politisch einzuordnen wäre ohnehin sinnlos, da ich keinem politischen System der letzten Jahrhunderte, wenn nicht sogar Jahrtausende, meinen Zuspruch geben würde - wäre auch nur eines davon vertretbar, wäre die Welt in einem besseren Zustand, als sie heute ist! So viel dazu.

Aber mir ist bewusst: Rollen zu verteilen ist nicht „in" und eigentlich sollte im Moment alles „unisex" sein. Diese Einstellung teile ich jedoch nicht.

Für mich hat „Frau" wie „Mann" unschätzbaren Wert und ganz besondere Fähigkeiten physischer und psychischer Natur. Klarerweise ist in der Realität alles etwas „bunter" und nicht immer exakt da oder dort zuzuordnen. In jedem Fall sollte man seiner eigenen, gesunden Intuition folgen und sein Leben so gestalten, wie man es selbst möchte.

Trotzdem habe ich so viel Vertrauen in die Natur, dass es naheliegt zu vermuten, dass wir Frauen, da wir schwanger sind, gebären und stillen, mit speziellen Fähigkeiten ausgestattet sind. Und auch die Männer ihre ganz speziellen Qualifikationen mitbringen.

Bis vor wenigen Jahrzehnten haben Frauen ihre Kinder meist über das erste Jahr hinaus gestillt. Daher ergibt sich eine natürliche Nähe zwischen Mutter und Kind in den ersten Lebensjahren. Hier spielt grundsätzlich die Mutter für das Kind eine große Rolle.

Aber auch Papa war und ist für unsere Kinder total wichtig und auch er hat so eine ganz besondere Zeit mit den Kindern. Das dürfen wir in der Familie gerade live miterleben.

Mein ältester Sohn ist aktuell zwölf; und es hat sich bei ihm mittlerweile ein signifikantes Bedürfnis eingestellt, sich stark an seinem Vater zu orientieren. Ob beim gemeinsamen Sport, im Wald, am Klavier oder in der Werkstatt – das Interesse und die Wertschätzung für die Dinge, die Papa sagt und tut, sind enorm gestiegen. Sogar die väterlichen Emotionen werden teilweise nachgeahmt. Mit Papa raus in die Welt zu gehen oder über sie zu lernen, ist gerade total angesagt.

Als mein Mann kürzlich für ein paar Tage verreist war, kam mein Sohn tatsächlich in Papas Hausschuhen in die Küche, um sich in Papas Kaffeetasse Getreidekaffee einzugießen und dann auf

Papas Arbeitsplatz seine Hausübungen zu machen. Da musste ich dann doch ein wenig schmunzeln.

Mein Mann war von Beginn an ein sehr engagierter Papa. Er widmete verhältnismäßig viel Zeit, ja eigentliche fast jegliche Freizeit der Familie oder hat stets zumindest eines der Kinder in seine Aktivitäten eingebunden. Je nach Alter gingen sie mit auf den Berg, zum Bogenschießen oder schwitzten bei der Gartenarbeit.

Aber gerade in der Zeit, in der altersgemäß die Orientierung nach außen beginnt, würde ich fast meinen, dass Papa für unseren Sohn im Moment die größere Rolle spielt. In jedem Fall werden die gemeinsamen Aktivitäten mit dem Vater jetzt besonders genossen. Und es scheint ganz einfach spannender zu sein, das zu entdecken, was Papa tut.

Mit Kindern gemeinsam Alltagsprojekte zu verwirklichen, ist übrigens generell eine Fähigkeit, die ich in unserer Familie eher dem Papa geben würde. Ich bin gut darin, unsere Angelegenheiten zu managen, Termine zu koordinieren, alle zu versorgen und jedes Familienmitglied zur rechten Zeit am rechten Ort zu haben; und, wenn es sein muss, auch wieder Ruhe reinzubringen. Mein Mann allerdings hat die wunderbare Fähigkeit, die Kinder für alle möglichen Dinge zu begeistern. Das beginnt bei den verschiedenen Sportarten und geht über Handwerken bis hin zur Kunst. Ich singe auch mal gern mit den Kindern, aber wenn Papa beginnt, an der Gitarre loszulegen, schwingt da eine ganz andere Motivation mit.

Bestimmt kann aber auch jeder Mensch, egal ob Mann oder Frau, Kinder für Dinge begeistern, von denen er selbst begeistert ist. Das halte ich – ganz nebenbei bemerkt – übrigens für eine wichtige Tugend im Zusammenleben mit Kindern. Selbst herauszufinden, was einem persönlich Freude bereitet, und das auch ausleben zu können. Es macht glücklich und zeigt Kindern, wie schön und lebenswert das Leben ist, wenn man seine Träume leben kann.

Bei einem Vortrag habe ich einmal gehört, dass die Mutter eher für das „beschützende Nest" steht, das vor allem in den ersten Lebensjahren Halt und Sicherheit gibt und dass der Vater den Kindern „das Tor zur Welt" öffnet. Das fand ich einen recht passenden Vergleich zu dem, was wir derzeit erleben.

Für mich geht hier auch recht eindeutig hervor, dass jeder Elternteil seine Kompetenz hat. Und durchaus in einer spezifischen Entwicklungsphase des Kindes besonders in Aktion tritt und dann absolut gefragt ist.

Natürlich ist es von Beginn an bereichernd, wenn Mama und Papa für den jungen Menschen gemeinsam da sind. Wir haben es auch immer so gehandhabt und für alle Beteiligten ist es wunderbar, wenn Papa mal das Baby in der Trage hat und Mama ausrasten oder sich ganz allein dem großen Bruder widmen kann. Jedoch steckt auch eine gewisse natürliche Logik dahinter, dass in den ersten Jahren der Kindheit Mama eine Art Hauptrolle spielt. Wiederum wohl gerade zum Kennenlernen der Welt und beim Verwirklichen mancher Projekte dann der Papa ganz groß ins Spiel kommt.

Ist es in manchen Familien gerade andersherum, wird das auch seinen Sinn haben und ist deshalb nicht minderwertiger.

Es sollte jedoch in Ordnung sein, die mittlerweile so entwürdigten „Rollen" wieder ganz klassisch zu leben. Ich beobachte in vielen Familien, dass Mütter die Intuition haben, ihre Kinder gut zu versorgen, zu schützen und ihnen Geborgenheit und Sicherheit zu geben. Väter wiederum wollen mit den Kindern in die Welt hinaus und legen hohen Aktionismus an den Tag. Sie können es kaum erwarten, bis ihre Sprösslinge endlich groß genug zum Fußballspielen oder für einen Besuch im Kino oder Museum sind.

Beides ist richtig und wichtig – der Zeitpunkt ist ausschlaggebend. Für ein Baby bedeutet Veränderung von Umgebung, Bezugspersonen und Termine meistens Stress. Deshalb wären weder Fußballstadion noch Konzert der geeignete Ort für ein Baby – für einen 14-Jährigen womöglich aber genau das Richtige.

Wenn sich Familien heute entscheiden (ohne den ganzen herabwürdigenden Kram vergangener Jahrzehnte) wieder im Einklang mit ihren ganz speziellen Fähigkeiten zu leben und so auch die Werte ihres Geschlechtes zu zelebrieren, dann kann ich dazu nur sagen: Ja, das ist eben bio!

26. Ja, wenn man es sich leisten kann ... oder will!

Wenn andere Eltern bemerken, dass meine Kinder viel weniger Zeit in den gängigen Betreuungsinstitutionen verbringen und sich dann auch noch herausstellt, dass ich selbst diejenige bin, die die Zeit mit ihnen verbringt, ist die Reaktion darauf nicht selten: „Ja, wenn ihr euch das leisten könnt!"

Liest man hier meine Zeilen über das Ideal einer wildromantischen Kindheit, könnte auch für meine Leser der Eindruck entstehen: „Alles schön und gut, aber das muss man sich in der heutigen Zeit erst einmal leisten können!" Grundsätzlich hat dieses Argument tatsächlich Berechtigung, denn es reicht in den meisten Familien längst nicht mehr, dass nur ein Elternteil arbeitet und ein anderer den Kindern eine Bilderbuchkindheit ermöglicht – auch bei uns nicht!

Tatsächlich hat uns vielleicht die eine oder andere Fügung etwas erleichtert, aber mehrheitlich stehen wir vor denselben Hürden, die jede Durchschnittsfamilie zu bewältigen hat. Trotz aller begünstigenden Umstände, die da und dort sicher auch in anderen Familien vorkommen, lag unser Familieneinkommen – in der Zeit, als die Kinder klein waren – sicher nicht in den Höhen wahren Wohlstands. Am Monatsende blieb kaum etwas übrig und neue Schuhe oder eine Theaterkarte musste ich mir von meiner Oma zum Geburtstag wünschen.

Wenn man sich für seine Kinder Zeit nehmen möchte, liegt der wirkliche Aufwand aus meiner Sicht allerdings viel mehr im

Organisatorischen als im Finanziellen. Man muss sich nämlich nicht nur die Zeit organisieren, sondern auch das, was man benötigt. Zeit lässt sich erschaffen, wenn man dazu bereit ist, Abende eher am Schreibtisch, in der Werkstatt oder in anderer produktiver Form zu verbringen, anstatt vor dem Fernseher oder Tablet zu chillen. Es ist einiges davon vorhanden, wenn man unnötig verschwendete Zeit besser nutzt – aber auch mir wird sie immer zu knapp.

Grundsätzlich konnten wir selbst gut für uns sorgen. Trotz Privatschule und Privatkindergarten gingen sich auch hochwertige und biologische Lebensmittel aus. Viel Kleidung, Technik oder Firlefanz war allerdings nicht drin.

Seit wir in unserem Haus eingezogen sind, hatte ich lange Zeit für kaum ein Kind je ein Kleidungsstück käuflich erworben. Kinderkleidung wird so oft und gern von Nachbarn und Freunden abgegeben und ist wirklich in Ordnung. Natürlich durften sich meine Kinder da und dort ein Lieblingsstück aussuchen, aber das war leistbar. Auf Firlefanz wollten wir ohnehin lieber verzichten – das Haus wird auch so voll genug – und unsere „Technik" war nie sehr lange auf dem allerneuesten Stand, aber funktionsfähig.

Es gibt bestimmt Familien, für die es nur schwer möglich ist, Zeit und Ressourcen für ihre Kinder freizumachen, aber es gibt auch genug Familien, die sich nur etwas besser organisieren müssten, wenn sie grundsätzlich die Bereitschaft hätten, ihren Alltag mit den Bedürfnissen der Kinder abzustimmen.

Ehrlich gesagt sind in meinem Umfeld viel mehr Familien, die weniger organisieren müssten und trotzdem mehr zur Verfügung hätten als wir. Aber es scheint so, als würden sie nicht erkennen, dass die Investition in ihre Kinder letztendlich ihr eigener Gewinn sein könnte.

Kinder bis 17:00 Uhr in Fremdbetreuung zu stecken ist teuer, da könnte man einige Stunden weniger arbeiten und sich selbst um die Kinder kümmern. Mit einem Baby zu Hause tragt es nicht gerade zu Geschwisterliebe und Familienharmonie bei, wenn die zweieinhalbjährige Schwester im Kindergarten abgegeben wird. Natürlich will sie auch bei Mama sein.

Kinder aber nur deshalb fremdbetreuen zu lassen, weil man selbst nicht die Muße dazu hat, wirft bei mir einfach Unverständnis und die Frage nach Verantwortungsbewusstsein auf. Ich behaupte nicht, dass jede Frau ein Kind bekommen muss – auch wenn ich es vielleicht jeder wünsche. Aber es bleibt eine Entscheidung mit Konsequenzen, die man trifft!

So hart das klingt: Wenn man so wie ich im Alter von 24 von einer Schwangerschaft überrascht wird, dann sollte man lieber zusehen, dass man lernt, wie man verantwortungsvoll mit diesem Thema umgeht. Es geht immerhin um nichts Geringeres als einen neuen Menschen.

Viele von uns kaufen Lebensmittel aus artgerechter Tierhaltung und stehen für den Schutz unserer Natur auf, also wieso nicht auch für den Menschen – von Beginn an? Einen Menschen seinen natürlichen Bedürfnissen entsprechend und in Liebe gedeihen zu lassen, ist möglicherweise der beste und letztlich einzige Garant dafür, konstruktiv, verantwortungsvoll und wahrlich nachhaltig für unsere Erde und die Menschen, die darauf leben, Sorge zu tragen – denn in dieses Bewusstsein hinein wurde der neue Mensch (hoffentlich) von seinen Eltern begleitet.

27. Über das Geschenk Mama zu sein: eine „Karriere" mit ungeahnten Möglichkeiten

Überschattet von einer gesundheitlichen Krise, die uns gleich während der vielerorts debattierten Klimakrise ereilt hat, könnte man meinen, dass die Zukunft wenig Rosiges verspricht.

Wie wertvoll ist es da, dass gleichzeitig auch immer mehr Lösungsansätze für ein besseres Dasein Gehör finden. Einer dieser Ansätze ist die Verbesserung des persönlichen Daseins. Frei nach dem Motto: Viele glückliche, gesunde Menschen zusammen ergeben eine glücklichere, gesündere und – wenn man so will – krisensichere Menschheit. Diese „neue Menschheit" könnte die Basis zur Eindämmung der planetaren Missstände bilden und erschafft eine bessere, stabilere Zukunft.

Die hier angesprochenen Ansätze sind vielseitig: bessere Ernährung, mehr Bewegung oder das oft erwähnte Leben im Einklang mit der Natur. Kurz gesagt, ein bewussteres Dasein auf körperlicher und mentaler Ebene kann uns dabei helfen, unseren eigenen Zustand zu verbessern.

Vielleicht liegt es uns nicht einmal fern, einzusehen oder zu verstehen, dass uns eine andere Lebensweise guttäte. Gesundes Essen und ein bewegter Organismus bringen selbstverständlich höhere Vitalität mit sich. Jene, die es erlebt haben, wissen, dass ein Spaziergang im Wald ungeahnt befreiende Wirkung auf Geist und Körper hat. Mehr Zeit für uns, unsere Familie und zum „Seele baumeln lassen" würden viele dankend annehmen. Aber wenn wir die Realität betrachten, unseren dicht verplanten Alltag vor Augen haben, entsteht nicht selten die Frage: Wie soll das alles umsetzbar sein?

Nun, vor etwas mehr als zehn Jahren habe ich dem Hin- und Herhasten zwischen Büro, Supermarkt und Kinderbetreuungsstätten ein Ende bereitet und eine andere, sehr ursprüngliche Form des Alltags für mich entdeckt. Siehe da, ein mittlerweile unpopulärer und fälschlicherweise als intellektuell anspruchslos degradierter Beruf brachte und bringt mir bis heute ungeahntes Wohlbefinden, Vitalität, Expertise und mich meiner eigenen Mitte ein gutes Stück näher.

Gerade als mich der Spagat zwischen klassischer Karriereleiter und der Fürsorge für mein Kind an die Grenzen des mir Möglichen gebracht hatte, wurde mir klar: Solange ich ein junges Kind habe, werde ich nie mit vollem Einsatz im Job sein, und solange ich einen derart fordernden Job habe, werde ich nie meinem Herzen folgen können. Ich begann mich zu fragen, wer um Himmels willen uns Frauen eigentlich dazu gebracht hat, zwei Jobs auf einmal zu machen?

Kurzerhand entschloss ich mich meiner inneren Stimme Gehör zu schenken, meinem Bauchgefühl zu vertrauen, das sich sowieso jedes Mal alarmierend meldete, wenn ich meinen Kleinen im Kindergarten zurückließ, und organisierte mein Leben neu.

Mit einer guten Haushaltsrechnung, der Hilfe meines Mannes und etwas Umstrukturierung des gewohnten Alltags gelang es mir, mich als Vollzeit-Mama zu etablieren und bis heute von dieser Entscheidung zu profitieren.

Bevor ich erläutere, wieso auch das Muttersein ausreichend Platz zur persönlichen Entfaltung – ganz abseits von Kindern und Haushalt – bietet, möchte ich verdeutlichen, welchen enormen Vorteil wir Erwachsene daraus ziehen, wenn wir uns anstatt an festgefahrenen Routinen einfach mehr an den Bedürfnissen unserer Kinder orientieren.

Die anfangs erwähnten Aspekte zur Verbesserung des persönlichen Daseins richten sich an die gegenwärtige Gesellschaft, an ihre Entscheidungsträger, an die Erwachsenen da draußen. Würden diese beobachten, welchen Bedürfnissen ein Kind naturgemäß nachgeht, wenn es die geeignete Umgebung dafür vorfinden darf, dann kann schnell erkannt werden: Bewegung, Natur, Work-Life-Balance – ein Kind hat das längst alles drauf.

Kinder schenken dir die Zeit, mit ihnen den Wald zu erkunden, viel draußen zu sein, im Sommer schwimmen zu gehen und die Enten am Teich zu füttern. Sie begeistert es ebenso, einfach im Gras zu liegen und nach Hummeln Ausschau zu halten, wie in den Wolken Tiere zu entdecken. Und wir dürfen das mit ihnen erleben. Es ist auch Eltern erlaubt, die Wiese zu genießen und ihrer Fantasie freien Lauf zu lassen oder regelmäßig durch den Wald zu streifen. „Waldbaden" ist heute ein gängiger Begriff und gehört in Japan zu den etablierten Behandlungsmethoden.

Unsere Kinder gehen so gesehen „präventiv-medizinisch", also vorsorglich, in den Wald. Es scheint, sie fühlen intuitiv, was ihnen guttut und Freude bereitet. Schließen wir uns ihnen an, haben wir uns ebenso auf physischer wie auf psychischer Ebene gestärkt.

Automatisch regt unser Nachwuchs auch uns zu mehr Bewegung in der frischen Luft an, solange uns allen ausreichend Zeit dafür zur Verfügung steht. Ein Spaziergang am Wochenende ist besser als nichts. Jedoch ein Alltag, in dem gemeinsame Zeit in der Natur zum „Tagesgeschäft" gehört, macht tatsächlich einen Unterschied in unserem mentalen und körperlichen Befinden.

Als Mutter durfte ich nach und nach entdecken, dass neben meinen Kindern vor allem ich total von diesem „neuen" Leben profitierte. Der Bereich Bewegung, frische Luft und Naturverbundenheit ließ sich ohne Termine, Organisationsaufwand und völlig kostenfrei abdecken.

Zudem verdanke ich dieser neuentdeckten Ressource auch noch nach drei Geburten einen recht vitalen Körper, ohne dabei je Work-out gemacht oder ein Fitnesscenter von innen gesehen zu haben. Ich vermute tatsächlich, dass kaum eine andere Arbeitsstelle einen so vielseitigen Alltag bietet, in dem Bewegung und frische Luft durchwegs an der Tagesordnung stehen. Hier hat die Mutter einfach, indem sie auf ein grundlegendes Bedürfnis ihres Nachwuchses eingeht, enorm für sich selbst gewonnen. Nicht viel anders sieht es mit dem Thema Ernährung aus.

Aus eigener Erfahrung weiß ich, Kinder essen grundsätzlich das, was ihnen vertraut ist – was sie gewohnt sind zu essen. Dass Nudeln oder Tiefkühl-Nuggets in unserer Kultur zum Hauptnahrungsmittel vieler Kinder geworden sind, hat vor allem damit zu tun, dass es das „perfekte" schnelle Essen ist. Berufstätige Eltern greifen, um den Hunger ihres Kindes rasch zu stillen, zu diesen im Nu fertigen Lebensmitteln. Ich erinnere mich selbst an die Zeit, als ich gehetzt von der Arbeit heimkam und außer Nudeln, Gnocchi oder Fischstäbchen kaum etwas am Speiseplan stand.

Ganz anders sieht der Mittagstisch bei uns zu Hause heute aus. Abgesehen davon, dass wir das Privileg haben, unsere

Mahlzeiten gemeinsam einzunehmen – und zwar nicht nur am Sonntag – darf ich in einer normalen Arbeitswoche gemeinsam mit meinen Kindern ernten, kochen und essen. Dabei sind wir schon kleine Experten geworden, was das Anbauen von Obst und Gemüse angeht. Wir Eltern, aber auch die Kinder, kümmern uns um die Beete, erkennen Wildkräuter und beobachten die Natur, die uns umgibt. Das frische Gemüse aus dem Garten zuzubereiten oder gleich roh zu Naschen gibt uns nicht nur einen kräftigen Vitaminschub, sondern auch einen ganz anderen Zugang zu unseren Lebensmitteln. Von selbst ergibt sich daher – wieder für Mutter und Kind – eine ausgewogene biologische Ernährung.

Sollten wir gerade nichts ernten können, haben wir Zeit, gemeinsam im Hofladen unseren Einkauf zu wiegen, zu zählen, zu berechnen und sorgfältig auszuwählen – ein willkommener Lernprozess für unsere kleinen Begleiter.

Dass auf diese Weise das gemeinsame Essen zur Freude anstatt zum Desaster wird, versteht sich von selbst. Ich brauche auch nicht länger über die verbesserte Nährstoffaufnahme zu referieren, die einerseits durch die Frische der Nahrungsmittel und andererseits durch die Zeit zum Genuss der Speisen nachweisbar ist. Woran aber vielleicht nicht gleich gedacht wird: Das gesunde Kochen und das Versorgen der Familie mit nährstoffreicher Kost verlangt doch einiges an Know-how. So kommen wir hier auf einen der vielen intellektuellen Ansprüche zu sprechen, der an die Mutter gestellt wird.

Über Jahre habe ich mich mit Nährstoffgehalten in den verschiedenen Lebensmitteln und ihren Eigenschaften für den Körper befasst, habe die Kraft der Wildkräuter entdeckt und Pflanzpläne erstellt. Es ist ein herrliches Studium, weil es Theorie und Praxis wunderbar verbindet und erlebt werden kann. Garten und Küche werden hier gleichermaßen zum

Experimentieren wie zum Kreieren genutzt und es erfüllt denjenigen mit Wertschätzung und Stolz, der der Familie mit schmackhaftem Gartengemüse eine gesunde Mahlzeit zaubert. Übrigens gelingt das nicht nur passionierten Köchinnen, ich selbst hatte so gut wie kein Interesse am Kochen und noch weniger am Essen. Irgendetwas vom Imbiss an der Ecke war meine Nahrungsgrundlage. Die schlichte Tatsache, dass ich meinen Kindern keine Fertiggerichte servieren wollte und dass ich ausreichend Zeit hatte, um nicht schnell Pasta servieren zu müssen, entfachte nach und nach eine Leidenschaft – nämlich die, gesunde Nahrung zuzubereiten.

Ein schöner Nebeneffekt für uns Erwachsene ergibt sich auch aus den Essenszeiten der Kinder. Ohne dass ich anfangs darauf geachtet hätte, beginne ich meinen Tag in der Früh, solange es noch ruhig ist, mit etwas Tee oder Wasser. Erst nach und nach trudeln die Kinder in der Küche ein. Bis wir alle gemeinsam Frühstücken ist es 8:00 oder 9:00 Uhr. Das Mittagessen wollen alle recht pünktlich – es ist unsere Hauptmahlzeit. Die Kinder snacken dann oft noch zwischendurch Rohkost oder Trockenfrüchte, aber etwa um 17:00 Uhr gibt's dann Abendessen für alle – und das war's dann auch. So ergibt sich vor allem für mich eine Pause der Nahrungsaufnahme von rund 13 bis 16 Stunden, was – wie wissenschaftliche Erkenntnisse zeigen – ein ausgezeichnetes Zeitfenster zur Darmregulierung sein soll.

Vielleicht erkennt man mittlerweile ganz gut, dass ich als Mama, einfach weil ich mich ein bisschen an unseren Ur-Bedürfnissen orientiere, gut ernährt, bewegt und mit Frischluft versorgt bin. Das ist eigentlich ein Geschenk, das sich viel mehr Frauen verdient hätten.

Schwangerschaft, Geburt, Stillen und eine 24/7-Zuständigkeit können an die Substanz gehen, wenn man nicht in die andere Waagschale einen Alltag ohne Terminagenda und mit ausreichend Regenerationsphasen, beispielsweise bei Waldspaziergängen oder beim Buch-Vorlesen, legt. Bekommt man diese Balance hin, erfreuen sich Mutter und Kind zunehmender Vitalität und eines gesunden Körpergefühls.

Nun fällt aber nicht nur das leibliche Wohl in das Leistungsspektrum der Mutter, auch die „Seelsorge" gehört zu ihren interessanten Herausforderungen. Allein das Auseinandersetzen damit, wie sich das kindliche Universum mit der Welt, in der wir heute leben, in Verbindung bringen lässt, ohne dass man einen Totalschaden verschuldet, verlangt viel Einfühlsamkeit, Beobachtungsgabe und Offenheit. Es ist ein äußerst feinfühliges Handwerk. Einmal mehr wird der intellektuelle Anspruch an die Mutter gestellt, sich mit den Realitäten um sich herum auseinanderzusetzen und aus dem Leben zu lernen. Exakt dieses Befassen führt die Mutter schließlich näher zu ihrer eigenen Mitte. Genau hier beginnt sie festgefahrene Erziehungsmuster zu durchbrechen und sich von wenig sinnvollen Systemen zu distanzieren. Die Welt manchmal durch Kinderaugen zu betrachten, eröffnet uns Erwachsenen neue Wahrnehmungsstandpunkte. Dies lässt uns mit etwas Glück und viel Bauchgefühl beispielsweise erkennen, dass Orte wie eine Kinderkrippe für die Allerkleinsten gesellschaftlich zwar hochgepriesen und als „dringend benötigt" deklariert, für die positive Entwicklung unserer Kinder leider keinerlei Beitrag leisten können.

Es erfüllt uns Menschen unglaublich, wenn wir bemerken, dass wir im richtigen Moment Verantwortung übernommen haben und als Elternteil das eigene Kind bestmöglich dabei unterstützen, frei und ungebrochen zu gedeihen. Es ist eine Flut der Liebe, die uns Kinder dafür schenken.

Ich bin in meinem Leben an nichts mehr gewachsen als an meinen eigenen Kindern. Der ausschlaggebende Faktor dieser Erweiterung des Bewusstseins war aber unter anderem auch die

Zeit, die zur Verfügung stand, um zu reflektieren, mich zu bilden und mich immer wieder in meinen Fähigkeiten zu versuchen.

Der Tag einer Mutter beinhaltet 100 kleine Tätigkeiten und ein vielseitiges Repertoire an Dienstleistungen, die vom Taxi-Dienst übers Krankenpflegen bis hin zur pädagogischen Kompetenz reichen – man ist beinah vom Aufstehen bis zum Schlafengehen auf den Beinen und wenn die Kinder jung sind, hat man an manchen Tagen keine fünf Minuten für sich. Aber die Fähigkeit, unseren Kindern eine gute Mutter zu sein, ist uns ehemals in die Wiege gelegt worden und ist seit Jahrtausenden die Bestimmung vieler Frauen. Es mag sein, dass wir dieser weiblichen Intuition wieder Vertrauen schenken müssen und diese Kraft unter Trümmern erst nach und nach entfesseln, eins steht jedoch fest: Sie war immer da, sonst wären wir nicht da.

Diese Möglichkeit, einen jungen Menschen beim Heranwachsen zu unterstützen, ist eine erfüllende und buchstäblich sehr sinnvolle Aufgabe. Es ist die wohl lohnendste Investition in die Zukunft und es wäre schön, wenn auch unsere Ökonomen einmal berücksichtigen würden, dass eine Person, die in einem stabilen, gesunden und liebevollen Umfeld groß geworden ist, weniger Kosten im Sozialsystem verursacht. Daher könnte es sich auszahlen, die horrenden Summen, die in unser Kinderbetreuungssystem gepumpt werden, mit dem „the money goes with the child"-Prinzip aufzuschlüsseln, und Eltern, die ihre Berufung wahrnehmen, dieses Honorar zum Wohle einer besseren Gesellschaft zukommen zu lassen.

Man kann sich ja einmal selbst ehrlich fragen, ob wir den immer intensiveren Fremdbetreuungskonzepten, denen wir hier in den „entwickelten Ländern" seit ein paar Jahrzehnten folgen, ehrlich zustimmen können. Wir geben das eigene Kind weg von uns, in die Hände einer fremden Person, die nichts weiter als einen Zettel in den Händen hält, der bestätigt, dass sie gewisse theoretische Prüfungen sehr gut oder nur genügend lösen konnte. Jahrtausendelang war es die Mutter, die sich in einzigartiger Liebe und Verbundenheit ihres Nachwuchses annahm.

Vielleicht kann nun erkannt werden, dass die Tätigkeit einer Mutter Erfüllung, Lebenserfahrung und Vitalität gleichermaßen steigert, und gerade in den ersten Jahren für unser Kind unschätzbaren Wert hat.

Dennoch gibt es genug Interessensgruppen, die die Frau lieber als Vollarbeitskraft in der Wirtschaft einsetzen wollen. Diese Stimmen propagieren immer wieder das reichhaltige Angebot an Fremdbetreuung und die Karriereleiter, die eine Frau erklimmen müsse, wenn sie in der Gesellschaft gebührendes Ansehen erlangen will. Als Folge davon gibt die Mutter dann lieber so schnell wie irgend möglich, ihr Kind in Massenbetreuungseinrichtungen, um wieder als „wertvoll" am Arbeitsmarkt gehandelt werden zu können. Hätte diese Propaganda rein wirtschaftliche Motivation, wäre im Sinne der Nachhaltigkeit leicht zu belegen, dass Kinder, die zu wenig Mutterliebe bekamen, dem Staat über kurz oder lang mehr Kosten verursachen, weil sie psychisch labiler, körperlich anfälliger und somit keine nachhaltig stabilen Arbeitskräfte sind, die nichts anderes als Kosten im Sozial- und Gesundheitswesen verursachen.

Wichtig ist daher, dass man sich nicht über die vermeintliche „Emanzipation als Frau" in die Irre führen lässt. Menschlich ist es jedem Lebewesen, ob Frau oder Mann, die jeweilige Wertschätzung zuzusprechen und die Fähigkeiten aller zu würdigen.

Der Frau über die letzten Jahrzehnte hinweg einzuhämmern, sie sei nur „jemand" oder „gleichgestellt", wenn sie einer

Karriere innerhalb eines gewissen vorgegebenen Pools an Tätigkeiten nachgehe, ist niederträchtig und wahrlich frauenfeindlich. Denn wünscht sich die Frau gemäß ihrer natürlichen und menschlichen Intuition Kinder, dann heißt es plump: Schön und gut, aber das musst du irgendwie nebenbei schaffen. Nun fragen wir uns einmal ehrlich, was hat mehr Priorität verdient? Eine Werbegrafik zu designen oder einen Menschen zu begleiten?

Jeder Mensch hat die freie Wahl und nicht jede Frau muss Kinder bekommen. Aber all jene, die den aufrichtigen Wunsch verspüren, eine Mama zu werden, die bringen bestimmt auch alles Nötige dafür mit eine gute Mama zu sein. Deshalb sollten sie sich für diese Phase ihres Lebens die Zeit nehmen, sich voll und ganz auf ihren Herzenswunsch einzulassen – es ist wunderbar!

Wenn es mir gelungen ist, zu vermitteln, wie sehr wir auf den verschiedensten Ebenen profitieren können, wenn wir uns für eine aktive Elternschaft entscheiden, dann bleibt womöglich nur mehr die Frage nach der Zukunftsperspektive offen, die vielen vermeintlich damit droht „den Anschluss zu verpassen".

Da man aber als Mutter enorm mit und an seinen Kindern wächst, habe ich in vielen Fällen beobachtet, dass man sich selbst in eine ganz andere Richtung hin weiterentwickelt. Ich selbst komme aus dem Bereich der Umweltanalytik und habe mittlerweile einige Fortbildungen im Bereich der Pädagogik gemacht und in Schulen gearbeitet. Aktuell unterstütze ich andere Mütter und möchte ihnen mit meinen Büchern Hilfe anbieten.

Das zeigt mir: Das Leben bleibt nicht stehen, nein, es wandelt sich. Neue Gebiete eröffnen sich und das darf man auch auf sich zukommen lassen. Will man irgendwann dennoch in seine ursprüngliche Tätigkeit zurück, wird man auch Wege finden und die nötigen Fortbildungen dafür absolvieren können.

Ganz persönlich, auch wenn ich viele neue Gebiete für mich entdeckt habe, finde ich es mittlerweile am sinnvollsten die eigenen Kinder auch zu Hause lernen und entdecken zu lassen. Ich denke, dass Schule, wie wir sie heute kennen, ein (recht nahes) Ablaufdatum hat. Auch trägt sie nicht zu einer glücklichen Gesellschaft bei, weder für Kinder noch für Eltern.

Was aber sehr wohl dazu beiträgt, ist der soziale Kontakt, auch von Kind zu Kind. Es mag sein, und das sehe ich bei meinen eigenen drei Sprösslingen, dass manche mehr und manche weniger soziale Kontakte brauchen, aber insbesondere das Spielen und der Austausch mit anderen ist uns Menschen angeboren (auch uns Müttern, übrigens).

Natürlich steht nirgends geschrieben – und es entspricht auch nicht unserer ursprünglichen Lebensweise – dass sozialer Kontakt unter Kindern ohne Mama stattfinden muss. Im Gegenteil, eine Nachbarschaft, in der Kinder von Garten zu Garten wandern, wobei Mütter ihren eigenen Tätigkeiten nachgehen, aber doch da sind, wenn sie gebraucht werden, ist wohl die schönste und gesündeste Art und Weise, wie ein Kind gedeihen kann. Das ist buchstäblich der „Garten, in dem Kinder spielen" – der „KinderGarten" der neuen Generation.

Je mehr Mütter wir werden, die dieser ursprünglichen Intuition folgen, desto mehr gesteigertes Wohlbefinden wird sich unter den Frauen breitmachen und umso besser können wir uns gegenseitig unterstützen. Wenn ein paar Mütter in meiner näheren Umgebung mitziehen, werden meine Tochter und ein paar ihrer Freundinnen nicht mehr die Schule besuchen, sondern von ihren Müttern, ihren Vätern, ihren Geschwistern und anderen Familien im Ort lernen. Und zwar direkt im Leben, ihren eigenen Bedürfnissen und Interessen entsprechend. So stelle ich mir die Zukunft einer glücklicheren Menschheit vor.

Frage dich selbst: Wer wird wohl kreativere und menschlichere Lösungen für all unsere künftigen Probleme finden – der glückliche oder der dressierte Mensch?

Ich jedenfalls wünsche euch viel Freude damit, euch im Mutter-Sein zu entdecken und schließlich finden zu können.

Ich glaube, ich übertreibe nicht, wenn ich sage: Es ist einer der wertvollsten Beiträge, den wir für diese Menschheit im Moment leisten können. Es ist schon großartig, dass das eigene Leben erheblich lebenswerter sein kann, aber jede Mutter ist auch wesentlich daran beteiligt, durch ihr Kind die Gesellschaft neu zu formen – und jedes Kind wächst heran und zieht Kreise in seinem Umfeld.

Lass die Kreise deiner Familie einen positiven Einfluss auf diese Welt nehmen. Es ist zu schön, um es zu versäumen.

Danke für deine Stärke!

28. Ich vertrau dir, Mama! – Also vertrau du dir selbst auch!

All meine Texte in diesem Buch zielen im Wesentlichen auf eine Kernaussage ab: Du selbst weißt, was für dich und dein Kind am besten ist!

Genau wie dein Kind hast du zu Beginn deines Lebens alles mitgebracht, was es für ein gelungenes Dasein auf Erden braucht. Du verfügst über eine Fülle an Wahrnehmungskanälen, die du einst voll ausschöpfen konntest, warst offen für Neues und lebtest im Jetzt, von Moment zu Moment.

Du hattest ein ausgeprägtes Gespür für alles, was dir guttut, wusstest genau, zu welcher Zeit du was brauchst und konntest, wenn du Geborgenheit erfahren durftest, das Leben in vollen Zügen genießen.

Babys, die unter entsprechenden Bedingungen aufwachsen, sind – erkennbar an aufrichtigem Lächeln – einfach rundherum glücklich. Sehr wahrscheinlich warst du das auch.

Ich kann natürlich nicht beweisen, was im „Kopf eines lächelnden Babys vorgeht", aber wenn ein ganz junges Kind dich anlächelt, kannst du diesen Zauber spüren. Hier ist Liebe in ihrer aufrichtigsten, reinsten und ursprünglichsten Form anzutreffen. Und da, wo Liebe bedingungslos fließt, gibt es auch wahres Glücklichsein und den Moment der vollkommenen Zufriedenheit.

Sehr häufig versuche ich, Eltern zu versichern, dass ihr Kind – gerade, wenn es noch sehr jung ist – weiß, was es braucht. Unsere Aufgabe als Eltern ist es, dies zu deuten und verstehen zu können.

Heute möchte ich insbesondere uns Mamis ebenso versichern, dass es diese mütterliche Intuition tatsächlich gibt. Ganz bestimmt ist dieser „Urinstinkt" verschieden intensiv ausgeprägt und bei manchen Frauen ist er offensichtlich sehr weit zurückgedrängt. Ich kenne Familien, bei denen ist es die Intuition des Vaters, die die Kinder besser aufwachsen lässt. Jedoch grundsätzlich bringt eine Mutter die Gabe mit zu spüren, was für sie und ihr Kind am besten ist.

Ich möchte einmal die wenigen Frauen, bei denen ich mich selbst frage, wo sie ihre weibliche Intuition verloren haben, außen vorlassen – es ist eine Minderheit. (Übrigens, verloren haben sie ihre eigene Intuition meist in einer missglückten Kindheit: Ergebnis meiner persönlichen Nachforschungen.)

Wesentlich wichtiger ist es den vielen, vielen Mamis da draußen, denen es einfach schwerfällt, ihr Kind im Kindergarten zurückzulassen, die Probleme mit unserem Schulsystem haben und die schließlich ratlos vor einem pubertierenden Jugendlichen stehen, zu sagen: „Ihr spürt richtig. Unsere gegenwärtige Gesellschaft hat sich in vielen Bereichen von unseren wahren Bedürfnissen entfernt – hier liegt der Fehler!"

Ich kenne so viele Mütter, die schweren Herzens, weil der Kinderbetreuungsgeldbezug endet, ihr Kind mit 24 Monaten oder früher in die Fremdbetreuung abgeben und Vollzeit arbeiten gehen. In anderen Bevölkerungsgruppen werden Kinder in diesem Alter noch gestillt!

Auch wir haben, betrachtet man die Geschichte der Menschheit, erst vor sehr kurzer Zeit damit aufgehört, unsere Kinder selbst aufzuziehen. Jahrtausende lang haben wir unsere Sprösslinge mindestens bis ins Kleinkindalter gestillt. Große Kulturen haben die Frau als Schöpferin verehrt, einfach weil sie den Fortbestand der eigenen Spezies sicherstellt.

Es mag eine Art von Fortschritt bringen, neue Maschinen zu erfinden, und mittlerweile ist es leider immer notwendiger geworden, für Recht und Ordnung zu sorgen. Aber ich frage mich, welcher Beruf kann mehr für die Gesellschaft tun als der einer ordentlichen Mutter.

Durch langes Stillen und naturnahe Verarbeitung von Lebensmitteln kann die Mutter für die Gesundheit der nächsten Generation und einer ganzen Familie sorgen. Wo kann die so hochgerühmte individuelle Betreuung, von der man in der Bildungspolitik immer wieder hört, individueller sein als in und durch die eigene Familie?

Schulen, egal welcher Art, können niemals in dem Maße auf individuelle Bedürfnisse eingehen, wie es die Familie kann.

Die absolut überwiegende Mehrzahl der kindlichen Bedürfnisse wie Bewegung, Freiheit, selbstständiges Lernen, Sicherheit, Zugang zur Natur usw. können problemlos – wenn nicht sogar besser – ohne unsere gängigen Systeme und Institutionen abgedeckt werden.

Allein der Bedarf an sozialer Interaktion setzt entweder Geschwister- oder Nachbarskinder zum Spielen und Erleben voraus. Was ebenfalls ohne große Systeme und Institutionen im Hintergrund zu lösen ist. Es reicht ein einfaches, kleines Dorf.

Für unsere Kinder und die ganze Welt wünsche ich mir ein Leben in Freiheit.

Systeme, die uns körperlich und mental dazu zwingen, uns entgegen dem zu verhalten, was uns guttut, sind nicht erhaltenswert – nicht für Kinder und nicht für Erwachsene.

Ich glaube, es ist an der Zeit, sie loszulassen. Es gibt Wege, um gut zu leben, vielleicht in etwas ursprünglicheren Formen unseres Daseins. Die ersten Kinder, die frei von den derzeit noch weltbeherrschenden Systemen aufwachsen dürfen, werden die Welt verändern.

Gegenwärtige Schulen, Büros und Berufe, die die Familie, die immerhin die Basis der Gesellschaft und Kultur bildet, ausklammern und vernachlässigen, können nicht nachhaltig sein. Sie bieten bei Weitem zu wenig Gelegenheit und Raum, um jener Emotion freie Entfaltung zu gewähren, die die Grundlage unser aller Streben sein darf – der Liebe.

Ich wünsche uns allen Mut und Zuversicht für die Gestaltung einer glücklichen Welt!

„Ein Kind, das in Freiheit, Liebe und Frieden aufwächst, wird nichts anderes als Freiheit, Liebe und Frieden in die Welt hinaustragen."

Danksagung

Wenn man so ein großes Projekt wie ein eigenes Buch zu Ende bringt, dann wird einem eigentlich erst bewusst, wie viele Menschen dazu beigetragen haben, dieses Werk entstehen zu lassen. Ohne Freunde, Bekannte oder auch manch flüchtige Begegnung hätte ich so viele meiner Beobachtungen schlicht nicht anstellen können. Gerade weil ich es anders machen wollte als so manch anderer, habe ich begonnen, mich nach neuen Wegen umzusehen. Hier bin ich wiederum auf Familien gestoßen, die schon vor Jahrzehnten unglaublich viel richtig gemacht haben und ich durfte erkennen, welche Kraft und Harmonie diese Familienbande ausstrahlen.

Auch die Erlebnisse meiner eigenen Kindheit und Jugend spielen natürlich für die Entstehung meiner Zeilen eine wichtige Rolle. Hätten mich meine Eltern und mein Bruder nicht stets auf exakt diese Weise begleitet, wäre ich um viele meiner Erfahrungen gekommen. Auch für diesen, meinen Lebensweg, bin ich dankbar.

Im ganz engen Kreis gibt es eine allerbeste Freundin, eine helfende Hand aus der Nachbarschaft und einige andere Menschen, die der Himmel schickte und die mich, in dem was ich tue, unglaublich bestärkt haben. Das hat mich immer wieder motiviert weiterzumachen.

Aber ganz gewiss hätte es dieses Buch ohne die unbeschreibliche Unterstützung meines Mannes und ohne meine Kinder nicht in die Hände der Leser geschafft.

Ein Buch bedeutet nicht nur beobachten, analysieren und erzählen – es gibt im Hintergrund allerlei Handgriffe, die erledigt werden müssen. Und derjenige, der schreibt, braucht seine Zeit und Ruhe, um zu schreiben. All das hat mein Mann gemanagt. Von der ersten Korrektur bis zum Textsatz und vor allem die Betreuung der Kinder, während ich am Laptop saß, war sein Einsatz für mein Projekt.

Wie so oft im Buch erwähnt, sind natürlich meine Kinder nach wie vor meine größten Lehrmeister. Sie bringen mich jeden Tag aufs Neue zum Reflektieren, Nachdenken und Hinterfragen. Sie sind die Essenz meiner Texte und die sonnige Zukunft, die ich ihnen wünsche – der Motor hinter meiner Arbeit. Sie erfüllen mir meinen Lebenstraum von einer eigenen Familie, einem Ort der Wärme und einem Bündnis der Liebe.

Dafür bin ich euch unendlich dankbar!

Anhang:

Das Mama-ABC

Diese Angaben entsprechen meinen persönlichen Erfahrungen und sind ohne Gewähr oder Anspruch auf fachliche Expertise bzw. Vollständigkeit.

Abstillen

Mama: Ausstreifen der Brust unter warmem Wasser. Bei mir ging es am besten bäuchlings in der Badewanne. Pfefferminztee soll auch helfen.

Kind: Ist das Kind über 24 Monate, hat es normal mitgegessen und statt Muttermilch Wasser getrunken. Ist das Kind zwischen 12 und 24 Monate, habe ich Reismilch mit Getreidebrei gegeben. Unter 12 Monaten habe ich keine Erfahrung, da ich hier immer noch gestillt habe.

Blähungen

Wenn die Mutter stillt, kann sie durch ihre Ernährung Blähungen beim Kind lindern. Blähende Lebensmittel, insbesondere Zwiebel, Knoblauch, Germ haben bei mir zu Blähungen geführt. Mutter und Kind vertragen einen Baby-Bäuchlein-Tee (Kümmel, Anis, Fenchel) in Bio-Qualität in der Regel gut.

Brustentzündung

Sobald Verdacht entsteht, Topfen dick auftragen und mit Krautblättern abdecken. Über mehrere Stunden in die Brust einwirken lassen. Darauf achten, dass das Baby viel Muttermilch trinkt, damit der Milchfluss nicht stockt.

Brustwarzen

Wer - so wie ich - besonders sensible Brustwarzen oder Schlupfwarzen hat, braucht deswegen noch lange nicht das Stillen aufzugeben. Mir haben Stillhütchen und die Spezial-Turbocreme von der Hebamme Traude Trieb (shop.traudetrieb.at) geholfen, um die sensible Brustwarze anfangs an die Beanspruchung zu gewöhnen. Es ist etwas mühsam, weil man die Stillhütchen immer auskochen und dabeihaben sollte. Aber dafür klappte das Stillen wunderbar und ohne Schmerzen. Bald hat sich die Brust an das Spektakel gewöhnt.

Einkauf im Drogeriemarkt (bevor das Baby kommt):
- *Stilltee, Stillsäfte, Kräuterelixiere (für Schwangere)*
- *Stoffwindeln (Mulltücher)*
- *Stilleinlagen (und ggf. Stillhütchen)*
- *kleines Baby-Fläschchen für abgekochtes Wasser*
- *Einmal-Unterlagen (Wochenfluss)*
- *große Damenbinden/Wochenbett-Einlagen (Keine herkömmlichen Plastik-Binden!)*
- *Einmalwaschlappen (habe ich statt Feuchttüchern unter anderem auch zum Trockentupfen verwendet)*
- *Feuchttücher nur für unterwegs*
- *Babywindeln oder Stoffwindeln*

Durchschlafen

Ein Kind schläft durch, wenn es sich sicher genug fühlt. Tendenziell trinken gestillte Babys immer öfter pro Nacht. Gefühlt kommen sie ab dem 12. Monat nach jeder Tiefschlafphase, um kurz an der Brust der Mutter Sicherheit zu finden. Tatsächlich gibt sich diese Gewohnheit relativ schnell nach dem Abstillen, was aber niemandem zum Abstillen animieren sollte. Denn auch danach suchen Kinder in der Regel die Nähe der Eltern. Was übrigens in vielen Kulturen als ganz normal gilt. Auch aus eigener Erfahrung kann ich hier beim besten Willen keine Altersangabe machen. Unser ältester Sohn hat, bis er vier war, bei uns geschlafen. Dann kam sein Bruder und mein Mann hat eine Zeit mit dem Großen geschlafen, während ich mit dem Baby in einem Bett lag. Als der zweite Sohn dann etwa zwei Jahre alt war, haben die beiden Brüder zusammen in einem großen Bett geschlafen. Unsere Tochter ist sieben und hat gerade vom Elternbett auf eine Matratze vor das Elternbett gewechselt.

Energie-Bällchen

Unser Rezept:
200 g Datteln (entsteint)
200 g Medjoul Datteln
50 g Honig
100 g echtes Kakao-Pulver, ungesüßt
200 g Kokosöl (nativ)
200 g Hafermark
80 g geriebene Nüsse
etwas echtes Vanillemark

Alle Zutaten mischen und zu mundgerechten Kugeln formen.

Erwachsenwerden

Gib mir ein Nest, aber lass mich auch fliegen!

Ohrenweh

Ich schwöre auf „Zwiebelsocken" bei Ohrenweh. Geschälte, geschnittene Zwiebel in einem Sieb über Wasserdampf glasig dämpfen und in eine alte, saubere Socke stopfen, auf eine angenehm warme Temperatur abkühlen lassen (nicht zu lang, soll noch warm sein) und mit einem Stirnband am schmerzenden Ohr befestigen. Mindestens 30 Minuten drauf lassen. Am besten schlafen die Kinder etwas mit dem Socken am Ohr. Normalerweise ist das Ohrenweh dann weg. Sonst natürlich zum Arzt.

Speiseplan im Wochenbett

Geschmäcker sind verschieden und nicht jeder verträgt alles gleich gut. Hier ist ein Vorschlag von einem meiner Lieblingsmenüs im Wochenbett:

In der Früh: Warmgedünstete Haferflocken mit Honig und Schlagobers sowie frischem Obst und Nüssen, dazu eine Kanne Stilltee und Kräuterblutsaft.

Vormittagsimbiss: ein Brot mit Frischkäse, Gemüse und Kräutern; dazu frisches Wasser.

Mittagessen: Reis mit gebratenem Lachs, gedünstetem Gemüse, frischen Kräutern und eine große Schüssel Salat mit Sprossen oder Sonnenblumenkernen. Gerne noch einen gesunden Obstkuchen, Pudding oder Mus zum Nachtisch. (Man kann zu gesünderen Zuckeralternativen greifen.)

Nachmittagsimbiss: Energiebällchen mit Nüssen

Abendessen: eine kräftige Suppe nach Wahl mit Einlage.

Nachtimbiss: Nüsse, Energiebällchen, Trockenfrüchte

Wichtig ist einfach, dass man versteht, dass in dieser ersten Zeit mit Baby der Körper abermals Hochleistung betreibt und man ihn dementsprechend reich und reichhaltig ernähren muss.

Stillen

Hörst du, welchen Wortstamm dieses Wort hat? Genau: Stille! Schaffe gerade am Anfang eine „stille" Umgebung für dich und dein Baby! Schau, dass du selbst genug gegessen und getrunken hast! Stell dir eine Trinkflasche bereit!

Windelpilz

Aus heutiger Sicht würde ich Einwegwindeln, vor allem wenn sie einen hohen Plastik-Anteil haben, meiden. Nicht nur die Umwelt, sondern auch Babys Haut wird es dir danken. Diese Dinger sind – weil supersaugfähig – auch superdicht; das heißt: Auch Babys Haut kann darin kaum atmen. So viel windelfrei wie möglich ist sicher am besten. Wenn sich aber die Wegwerfwindel nicht vermeiden lässt und sich so ein Windelpilz einschleicht, habe ich auch hier mit der Spezial-Turbocreme von der Hebamme Traude Trieb (shop.traudetrieb.at) den Windelpilz sowie andere Wehwehchen super in den Griff bekommen. (Ich habe erst ab dem dritten Kind Stoffwindeln verwendet und erst später von dem Trend „windelfrei" erfahren.)

Über die Autorin:

Schreiben, Natur und Kinder sind drei Themen, die Isabel bereits seit ihrer Kindheit begeistern. Dieser Faszination folgte zuerst eine Ausbildung im Bereich der Umweltanalytik. Vom Labor in Wien ging es direkt in den Regenwald Costa Ricas, wo sie für eine kommunale Umweltorganisation tätig werden sollte. Das Bauerndorf, in dem sie untergebracht war, mit seinen vielen kinderreichen Familien, ließ sie die Freude an der Arbeit mit Kindern entdecken. Sie begann in der örtlichen Grundschule zu unterrichten. Nach ihrer Rückkunft absolvierte sie einige Module Pädagogik an der Uni Wien. Als sie 2008 unerwartet und mit erst 24 Jahren schwanger wurde, änderte sich nicht nur ihr Plan, sondern ihr ganzes Leben. Mittlerweile hat sie ihre „Karriere" ihrem Traumjob gewidmet, in dem sie, wie sie sagt, „jeden Tag mit und an ihren Kindern wächst".

Weitere Infos: www.freudeammamasein.at